Mehr therapeutische Geschichten für Kinder

iskopress

Erika Meyer-Glitza
Wenn Frau Wut zu Besuch kommt
Therapeutische Geschichten für impulsive Kinder

95 Seiten, Paperback
ISBN 978-3-89403-189-3

Erika Meyer-Glitza
Jacob der Angstbändiger
Geschichten gegen Kinderängste

95 Seiten, Paperback
ISBN 978-3-89403-197-8

Eva Orinsky
Die Krokobären
Eine Geschichten für Kinder deren Eltern sich trennen
Bilderbuch (ab 4 Jahren)

48 Seiten, Hardcover
ISBN 978-3-89403-347-7

Für nähere Informationen fordern Sie bitte unser Gesamtverzeichnis an:

iskopress
Postfach 1263; 21373 Salzhausen
Telfon 04172 / 7653
Fax 04172 / 6355
iskopress@iskopress.de
www.iskopress.de

Wo Eltern, Kinder und Jugendliche Rat finden können

Folgende Trägervereine vermitteln Adressen ihrer regionalen Beratungsstellen:

Bundeskonferenz für Erziehungsberatung
Herrnstr. 53, 90763 Fürth, Tel. 0911/97 71 40
www.bke.de

Deutscher Caritasverband
Karlstr. 40, 79104 Freiburg, Tel. 0761/2 00-0
www.caritas.de

Diakonie Deutschland, Evang. Bundesverband
Caroline-Michaelis-Str. 1, 10115 Berlin
Tel. 030/652110, www.diakonie.de

Bundesverband alleinerziehender Mütter und Väter,
Hasenheide 70, 10967 Berlin
Tel.: 030/6959786, www.vamv.de

Verband binationaler Familien u. Partnerschaften
Ludolfusstr. 2-4, 60487 Frankfurt/Main
Tel.: 069/713756-0, www.verband-binationaler.de

PFAD, Bundesverband der Pflege- und Adoptiveltern,
Oranienburger Str. 13-14, 10178 Berlin
Tel.: 030/94879423, www.pfad-bv.de

Nummer gegen Kummer e.V.
Hofkamp 108, 42103 Wuppertal
Tel.: 0202/ 259059-0, www.nummergegenkummer.de

Empfehlenswerte Kinderbücher

Zum Thema Scheidung:

Blazejewski, Carmen: Hauptsache, du bist meine Freundin. Oetinger, Hamburg 1999 (ab 5 Jahren)

Brown, Laurene Krasny: Scheidung auf dinosaurisch. Ein Ratgeber für Kinder und Eltern. Carlsen, Hamburg 1994 (5-9 Jahre)

Lingard, Joan: Fremde im Haus. Spectrum, München 1999 (12-14 Jahre)

Maar, Nele/Ballhaus Verena (Ill.): Papa wohnt jetzt in der Heinrichstraße. Atlantis, Zürich 2002 (4-6 Jahre)

McAffee, Annalena: Mein Papi, nur meiner! Alibaba, Frankfurt/Main 1998 (5-8 Jahre)

Nöstlinger, Christine: Wie ein Ei dem anderen. Beltz, Weinheim 2001 (10-13 Jahre)

Orinsky, Eva: Die Krokobären. Eine Geschichte für Kinder, deren Eltern sich trennen. Bilderbuch (ab 4 Jahre). iskopress, Salzhausen, 6. Aufl. 2019

Zum Thema Tod:

Piumini, Roberto/Buchholz, Quint: Matti und der Großvater. Carl Hanser, München 2011

Stark, Ulf/Höglund, Anna (Ill.): Kannst du pfeifen, Johanna? Carlsen, Hamburg 2010

Literatur

Berg, Insoo Kim: Familien-Zusammenhalt(en). Ein kurztherapeutisches und lösungsorientiertes Arbeitsbuch. 10. Aufl., Modernes Lernen, Dortmund 2015

Benard, Cheryl/Schlaffer, Edit: Das Kind, das seinen Vater mit einem Samstag verwechselte. Heyne, München 1996

Benard, Cheryl/Schlaffer, Edit: Gemeinsam Eltern bleiben, auch nach der Trennung. Heyne, München 1998

Brett, Doris: Anna zähmt die Monster. Therapeutische Geschichten für Kinder von 6 bis 12 Jahren. 12. Aufl., iskopress, Salzhausen 2019

Brocher, Tobias: Wenn Kinder trauern. Rowohlt, Reinbek 1985

Eliacheff, Caroline: Das Kind, das eine Katze sein wollte. Psychoanalytische Arbeit mit Säuglingen und Kleinkindern. DTV, München 1997

Fürstenberg, Frank F./Cherlin, Andrew J.: Geteilte Familien. Klett-Cotta, Stuttgart 1993

Kroen, William: Da sein, wenn Kinder trauern. Herder Spectrum, Freiburg 1998

Niesel, Renate: Scheidungskinder. Südwest, München 1998

Tausch-Flammer, Daniela/Bickel, Lis: Wenn Kinder nach dem Sterben fragen. 12. Aufl., Herder, Freiburg 2000

Michail war zum ersten Mal wieder froh. Er war bei Türken in dem fremden Land Deutschland, viele tausend Kilometer von zu Hause entfernt, und doch war es ein ganz klein wenig wie Heimat, weil diese Menschen so freundlich waren.
Von nun an erschien Michail alles viel leichter.

Einige Monate danach stand er mit seinem neuen Freund Erkan, einigen deutschen Kindern und ei-nem Jungen aus Bosnien zusammen. Sie sprachen Deutsch, das Michail und Erkan im Sprachkurs fleißig gelernt hatten. „Du hast es gut", sagte Erkan zu dem Bosnier, „du kannst bald wieder zurück." „Ja, aber mein Vater ist tot durch den Krieg und unser Haus kaputt, unser ganzes Dorf. Du hast wenigstens noch deinen Vater!" Erkan nickte. Michail schwieg. Ja, er hatte auch seinen Vater, in seinem Land war kein Krieg, ihr Haus war heil, er hatte einen Freund gefunden und Menschen, die sich um ihn kümmerten – in einem Jugendzentrum. Zuhause hatten sie jetzt einen Fernseher und schöne Möbel. Bald würden sie sogar ein altes Auto kaufen. Eigentlich ging es ihm ja gut. Aber doch würde er sich auch sein ganzes Leben lang nach Russland sehnen, nach Juri, seinen Nachbarn, seinem Hund, seinen Katzen, den russischen Rüben und den russischen Obstbäumen – so wie die Großeltern sich immer nach Deutschland gesehnt hatten. – „Meine Heimat ist ein bisschen in Russland und ein bisschen hier", sagte er zu den anderen. „Heimat ist da, wo meine Freunde sind."

Seit zwei Wochen ging er nun in die neue Schule. Dort war alles anders, als er es gewohnt war. Im Unterricht verstand er kaum ein Wort, denn der Sprachkurs hatte noch nicht begonnen. In der Pause stand er alleine. Er gehörte nicht dazu. Die deutschen Kinder hatten schnell das Interesse an dem Neuen verloren, mit dem man ja doch nicht sprechen konnte.

Nur einer, ein kleiner dunkelhaariger Junge, der auch meistens abseits stand, schien sich für ihn zu interessieren. Als er wieder einmal zu ihm hinblickte, lächelte Michail ihn an. Ja, Lächeln ist eine Sprache, die jeder versteht und die man nicht übersetzen muss. Da kam der Junge zu ihm herüber, zeigte auf seine Brust: „Erkan", sagte er, tippte dann auf Michails Brust und verzog fragend sein Gesicht. Und Michail sagte seinen Namen: „Heiße ich Michail." „Komme ich aus Türkei", erklärte Erkan. „Komme ich aus Russland", erwiderte Michail. Viel mehr konnten beide auf Deutsch nicht sagen. Erkan sprach aber Türkisch und gestikulierte dabei mit Händen und Füßen, und Michail tat das Gleiche auf Russisch. Das war lustig.

Nach der Schule machte Erkan ihm Zeichen, er solle mit zu ihm zum Essen kommen. Er wohnte in der Nähe. Erkans Mutter schaute erst skeptisch auf den fremden blonden Jungen. Als Erkan ihr etwas auf Türkisch erklärte, schien sie aber bald überzeugt zu sein. Sie lächelte Michail an, und auch die drei kleinen Geschwister und die Tante schauten freundlich. Sie aßen Gemüse und Schafskäse mit duftendem Fladenbrot und tranken Tee mit viel Zucker, und es war fast wie bei Juri.

zurückdachte, erschien es ihm immer noch wie ein schlechter Traum. Sie hatten in zwei verschiedenen Heimen wohnen müssen, in großen Schlafsälen mit fremden Menschen zusammen, dann in einem Zimmer mit der ganzen Familie. Man hatte sie zwar freundlich empfangen, gut eingekleidet, beraten, aber es war laut dort im Heim, und die Räume waren kahl. Die Heime lagen am Stadtrand in einer hässlichen Gegend. Nebenan tranken die Leute Schnaps und stritten sich. Auch die Großeltern waren enttäuscht. Nichts von dem, wovon sie geträumt hatten, war bisher in Erfüllung gegangen. Sie fühlten sich nicht so, als seien sie in ihre Heimat gekommen. Und auch ihr Deutsch verstand kaum jemand. Auch sie waren hier Fremde.

Als Michail und seine Familie dann endlich ihre eigene Wohnung in einem Wohnblock bekamen, war es besser. Trotzdem fühlte er sich einsam. Die Großeltern wohnten weit entfernt. Die Nachbarn blickten unfreundlich, und auch die Kinder nebenan wollten nichts mit ihm zu tun haben. Einmal hatte er versucht, mit dem Nachbarjungen zu sprechen. „Heiße ich Michail, wie heißen du?" Da hatte der andere nur gegrinst und war mit seinem Ball weggegangen. Was hatte er falsch gemacht? Wie sehr er Juri vermisste! Nirgendwo gab es etwas Vertrautes. Nirgendwo mochte er hingehen. Zum ersten Mal in seinem Leben langweilte er sich auch, denn er war viel allein. Seine Eltern gingen jetzt beide arbeiten. Sie wollten möglichst schnell möglichst viel Geld verdienen, um sich all die tollen Sachen in den Kaufhäusern kaufen zu können. Michael sehnte sich nach einem Freund.

nach Deutschland, nie! Ich will bei Juri bleiben. Ich will die Tiere nicht zurücklassen. Ich kann nicht richtig Deutsch, niemanden werde ich verstehen. Ich mag nicht weggehen!" „Unsinn, du lernst schon Deutsch, und Freunde findest du auch!" Das war ihre einzige Antwort.

Da rannte Michail zu Juris Haus. „Komm rein, mein Freund, iss und trink mit uns", sagten die Nachbarn freundlich und rückten zusammen. Aber Michail war viel zu aufgeregt, um zu essen. Er erzählte ihnen alles. „Ich geh' aber nicht nach Deutschland! Ich bleibe hier!", schloss er. Die Nachbarn versuchten ihn zu beruhigen: „In Deutschland ist es viel besser, dort ist man frei und kann sich kaufen, was man will. Du ahnst ja nicht, was es da alles gibt!" „Hier bin ich auch frei, und ich brauche nicht viel!" Michail ließ sich nicht beeinflussen.

Die Erwachsenen waren in der nächsten Zeit mit ihren Plänen beschäftigt und in Gedanken schon längst in Deutschland. Sie packten, schrieben Briefe, verabschiedeten sich von Freunden und Verwandten, regelten dies und das. Wenn Michail protestieren wollte, nahmen sie das gar nicht ernst. Schließlich sagte er nichts mehr. Es hatte ja doch keinen Zweck. Die Erwachsenen konnten eben alles bestimmen. Was sollte er alleine gegen sie ausrichten? Es blieb ihm nichts anderes übrig, als mitzufahren.

Nun war Michail schon eine ganze Zeit in diesem fremden Land Deutschland.
Wenn er später an die Zeit des Abschieds, an die endlos erscheinende Reise und die erste Zeit in Deutschland

Russland Fremde blieben. „Eines Tages kehren wir in die Heimat zurück", sagten sie oft und sprachen deshalb mit den Kindern und Enkeln Deutsch. Nadja und Michail machten sich darüber lustig, und plauderten, sobald die Großeltern den Rücken gekehrt hatten, wie gewohnt in Russisch weiter, so wie sie es aus der Schule kannten und mit ihren Freunden und den Eltern sprachen. „Die Heimat?", dachte Michail, „die Heimat ist doch Russland. Die Heimat ist da, wo meine Freunde sind und die Nachbarn, wo unser Haus steht, wo die Rüben und der Kohl und die Obstbäume wachsen." Ja, auch die Schule gehört zur Heimat und die Lehrer, sogar der strenge Iwan Iwanowitsch. Das Letzte dachte Michail aber damals noch nicht, das würde er erst später denken.

Michail hatte einen Freund namens Juri. Der wohnte im Haus nebenan. Gemeinsam stapften sie alltags eine gute Stunde zur Schule.
Nachmittags tobten die Jungen auf dem Feld herum, spielten mit dem Hund, den Katzen, halfen beim Rübenziehen, bei der Obsternte und beim Versorgen der Hühner. Im langen Winter bauten sie sich Schneehütten und fuhren mit ihren Schlitten.
Eines Abends, Michail freute sich schon auf das Abendessen, fand er, als er vom Spielen heimkam die Erwachsenen mit einem Brief am Küchentisch versammelt. „Der Ausreiseantrag ist genehmigt", rief der Großvater triumphierend, „nach Deutschland." „In unsere Heimat", fügte die Großmutter hinzu.
Alle freuten sich: Die Großeltern und die Eltern; und Nadja freute sich, weil die anderen sich freuten. Nur Michail war unglücklich. „Ich bleibe hier. Ich gehe nie

Heimat ist,
wo meine Freunde sind

Stell dir vor, du wachst eines Morgens auf, und alles ist verändert. Nichts ist an seinem Platz. Das Zimmer ist fremd, deine Spielsachen sind fort. Alles ist neu für dich, Nachbarn, Läden, Straßen, Schule, Schüler, Lehrer. Niemand versteht dich und spricht deine Sprache, denn du bist in einem unbekannten Land. Da kann man es schon mit der Angst bekommen, nicht?
Und genauso war Michail zumute, als er mit seiner Familie nach Deutschland kam.
Früher lebte Michail mit seiner Schwester Nadja, der Mutter, dem Vater und den Großeltern in einem Haus auf dem Land. Sie hatten ein kleines Stück Acker rundherum, Obstbäume, einen Hund, zwei Katzen und einige Hühner. Die Familie lebte in Russland, schon seit die Großeltern Kinder gewesen waren, aber sie waren keine Russen, sondern Deutsche. Darauf legten die Großmutter und der Großvater viel Wert, obgleich sie dadurch in

Krieg vorbei war, holte sie sich das, was sie an Freundlichkeit und Wärme brauchte, von der Bäuerin Johanna und dem Hüte-Jungen-Freund Gottlieb. Diese beiden und natürlich die liebe Camilla und den gutmütigen Conrad würde sie in ihrem ganzen Leben nie vergessen."

Marie schwieg. Die Kinder hatten gespannt zugehört. Sie alle konnten gut verstehen, wie Marieke sich gefühlt hatte. Das neue kleine Mädchen saß noch, an Marie gelehnt, versunken da. Jetzt schaute sie zur ihr auf. „Warst du die Marieke?", fragte sie. Tante Marie nickte. „Und darum kannst du mir auch glauben: Es finden sich im Leben immer wieder auch liebevolle Menschen!" „So wie du!", sagte das kleine Mädchen.

diese Stärkung und liebte sie: Die Bäuerin konnte nämlich köstliche Pfannkuchen backen. Sie hatte auch drei niedliche Kätzchen, mit denen Marieke spielen durfte. Wenn Marieke die Pfannkuchen verputzt und ein Weilchen mit Johanna geplaudert hatte, war Hamburg vergessen und der Tag wieder schön wie bei Camilla, Conrad und Gottlieb. Sie hatte dann etwas Helles, Warmes in sich, das eine ganze Weile vorhielt, wie wenn man etwas Gutes gegessen hat – und das kam nicht nur von den Pfannkuchen.

Manchmal aber stieg der Groll in Marieke wieder hoch, wenn sie abends im Bett lag. Sie sah dann Frau Knorr vor sich, wie sie sie mit verkniffenem Mund ansah. Wir wissen ja, wie gut Marieke Gesichter verstand. Sie sah auch vor sich, wie freundlich Frau Knorrs Blick war, wenn sie ihre Bienen versorgte. An solchen Abenden im Bett wünschte sich Marieke etwas sehr Böses. Sie wünschte sich, dass alle Bienen auf einmal auf die böse Frau einstechen sollten. Ja, das wünschte sie sich.

Eines Tages hörte sie einen Schrei aus dem Garten. Frau Knorr kam angelaufen. Die Bienen hatten sie gestochen, nicht alle, aber es waren viele Stiche. Marieke erschrak. Konnten böse Wünsche wirklich in Erfüllung gehen?! Den Schreck konnte sie nie wieder vergessen. Tagelang klagte Frau Knorr über ihre dicken, roten, schmerzenden Bienenstiche, und Marieke glaubte, sie sei Schuld daran. Trotzdem tat es ihr nicht leid.

Von nun an begann sie, an ihre Wünsche zu glauben. Sie wollte sich aber lieber etwas Gutes wünschen: Jeden Tag dachte sie abends an ihren wichtigsten Wunsch, endlich nicht mehr von ihren Eltern getrennt zu sein. Und bis dieser Wunsch endlich erfüllt und der

Gottlieb hatte sie immer eine wunderbare Zeit. Abends trieb er dann die Leitkuh Richtung Stall, indem er sich an ihren Schwanz hängte. Sie begann dann wild zu galoppieren, was eigentlich gegen ihre ruhige Natur und nicht im Sinne des Bauern war, und alle Kühe rannten hinter ihr her, Marieke ließ sich am Schwanz der letzten Kuh mitschleifen. Kurz vor dem Hof ging alles wieder seinen langsamen manierlichen Gang, ganz brav wie es sich gehörte. Ja, mit Gottlieb war es immer lustig.

Wenn Marieke zu Hause bleiben musste, und Frau Knorr gar zu streng war und mit ihr schimpfte oder sie in die Besenkammer sperrte, wuchs langsam ein mächtiger Groll in ihr, der war leichter zu fühlen als das große Heimweh. Und dieser Groll musste irgendwie wieder hinaus, wenn es auch gefährlich war, im Hause dieser Pflegemutter ungezogen zu sein. Aber es ging eben nicht anders.

Jeden Nachmittag ging Frau Knorr in die Schule, um Handarbeits-Unterricht zu geben. Marieke blieb dann allein. Und einmal sagte Frau Knorr, bevor sie aufbrach: ‚Geh mir ja nicht an die Pflaumen!' Es war ein junges Bäumchen, das zum ersten Mal trug. Marieke mochte gar keine Pflaumen, aber ihr Groll war sehr groß, und da rüttelte sie so heftig an dem Bäumchen, dass alle dicken Pflaumen abfielen. Dann zertrampelte sie sie wütend. Danach war Frau Knorr noch strenger.

Manchmal nahm Marieke sich die Wanne aus dem Schuppen, zog sie an den nahen flachen Bach und ruderte darin mit einem Stecken. Der Bach führte sie am Hof der Bäuerin Johanna vorbei. ‚Wohin fährst du?', rief Johanna. ‚Nach Hamburg', antwortete Marieke. ‚Dann brauchst du aber eine Stärkung!' Marieke kannte

Besonders freundlich war die neue Pflegemutter, Frau Knorr, nicht. Marieke drückte ihre Puppe fest an sich. Sie schaute auf die dünnen, strengen Lippen und die kühlen Augen und wusste Bescheid. Hier würde es nie warm werden. Und auch dieses Mal irrte sie sich nicht. Leider.

Marieke gab sich große Mühe, brav zu sein, damit sie keine Schelte bekam. Aber so sehr sie sich auch anstrengte, immer wieder passierte etwas: Mal verschüttete sie den Malzkaffee auf der weißen Decke oder zerbrach einen Teller, mal war sie zu laut oder brachte Schmutz in die Wohnung; manchmal aß sie zu viel, manchmal zu wenig; sie konnte es der Frau Knorr nie recht machen und sehnte sich so sehr nach ihren Eltern und nach Camilla und Conrad.

Ohne andere Menschen in der Nähe hätte sie das kaum ausgehalten.

Es gab zwar viele Verbote, kaum ein Lächeln und gar kein Lob, aber etwas gab es, was ab und zu erlaubt war, und das war das Kühehüten mit Gottlieb, dem Bauernsohn, der oben auf dem Berg wohnte. Sie wurden immer gut versorgt: Im Rucksack trug Marieke wie einen Schatz die guten Butter-Stullen, die Gottliebs Mutter von einem riesigen Laib Brot abschnitt. Solche großen Stullen hatte Marieke noch nie gesehen, und sie schmeckten köstlich in der Landluft draußen auf der Weide. Dorthin trieben sie die Kühe am Morgen, ließen sie weiden und hielten sie von den Kleewiesen des Nachbarn fern. Kühe durften dort nicht sein, aber Kinder! Man konnte wunderbare Wohnungen in den hohen Klee rupfen, darin wohnen, essen, schlafen. Kräuter sammelten sie, und Marieke band Kränze aus Klee. Mit

Marieke war besonders glücklich, wenn sie zusammen kochten. Sie stand dann am Küchentisch auf einem Höckerchen und rädelte Nudeln aus oder Plätzchen. Es war so warm, gemütlich und lustig. Ihre Nudeln kochten mit den anderen in einem Riesentopf. Wie stolz war Marieke, wenn der gutmütige Conrad beim Essen dann sagte: ‚Du, Camilla, wie kommt es nur, dass die Nudeln heute ganz besonders gut schmecken? Hast du ein neues Rezept?', und sie dann antwortete: ‚Es liegt daran, dass Marieke mitgekocht hat.' Conrad kannte eine Unmenge Geschichten, die er Marieke erzählte, wenn er nach dem Abendbrot seine Beine hochlegte und seine Pfeife rauchte. Er nahm Marieke auch manchmal mit in seinen Laden. Dort gab es Glühlampen und Taschenlampen. Marieke durfte dort manchmal hinter der Ladentheke stehen, wo die vielen kleinen Schubladen waren, und einmal schenkte ihr Conrad eine kleine Taschenlampe. Das war ihr größter Schatz. Zu Weihnachten baute ihr Conrad sogar eine Puppenstube mit echtem elektrischen Licht!
Ja, Marieke liebte die beiden von ganzem Herzen und fühlte sich geborgen.

Bis eines Tages alles anders wurde. Marieke hatte schon seit einiger Zeit bemerkt, dass Camilla und Conrad so traurig und besorgt aussahen. Wir wissen ja, wie gut Marieke gelernt hatte, in Gesichtern zu lesen. Als Camilla dann mit ihr reden wollte, ahnte Marieke längst alles. ‚Muss ich fort?', fragte sie, und wieder hatte sie sich nicht geirrt. ‚Es ist für deine Sicherheit', sagten sie, ‚bald werden auch hier Bomben fallen.' Sie würden Marieke zu einer Bekannten aufs Land bringen.

Kaum hatte Marie zu erzählen begonnen, setzten sich die anderen Kinder dazu. Alle lauschten gespannt.

„Es war Krieg", begann Tante Marie, „und die kleine Marieke machte die erste Reise ihres Lebens. Doch sie freute sich nicht über diese Reise. Viel lieber wäre sie bei ihren Eltern in Hamburg geblieben, auch wenn dort die Bomben fielen.

Die Reise hieß Kinder-Land-Verschickung. ‚Es ist für deine Sicherheit', hatte die Mutter gesagt. Aber verstehen konnte Marieke das nicht. Dazu war sie noch viel zu klein. Die Mütter winkten auf dem Bahnsteig. Marieke drückte ihre Puppe an sich und betrachtete die Kinder um sich herum im Abteil. Viele lachten fröhlich, und manche weinten wie sie. Bis zum Abend fuhren sie. Dann war es, als wären sie in einem ganz anderen Land. Hohe Berge erhoben sich hinter dem Bahnhof. Die Menschen sprachen so fremdartig. Marieke verstand erst kaum etwas, als Camilla und Conrad, ihre Pflegeeltern sie in Empfang nahmen. Aber etwas verstand sie, was sie gleich an ihren Augen ablas: Es waren gütige Menschen. Marieke konnte nämlich gut in Gesichtern lesen. Und sie irrte sich auch damals nicht. Marieke war bei ihnen gut aufgehoben.

Die alte Camilla war rund und herzlich, lachte gern und kochte gern. Sie war eine wunderbare Pflegemutter; bei ihr konnte man alles Heimweh vergessen. Denn sie hatte ein weites Herz, in dem viele Menschen Platz hatten. Marieke war sich sicher, sogar ein extragroßes, warmes Plätzchen in Camillas Herzen für sich bekommen zu haben. Wenn Camilla mit ihr sprach, hatte sie immer freundliche Augen. Sie nahm sie oft auf ihren Schoß und las ihr auch etwas vor.

Eine unfreiwillige Reise

Alle nannten sie Tante Marie. Sie kam jeden Tag in das Heim Vogelnest, um sich dort um die Kinder zu kümmern und ihnen Geschichten zu erzählen. Sie liebte Kinder und konnte sich keine schönere Beschäftigung vorstellen. Besonders nahm sie sich der Neuen an, die sich noch nicht eingewöhnt hatten. So auch an diesem Tag. Sie setzte sich neben ein kleines Mädchen, das ganz allein dasaß und traurig vor sich hin blickte. Marie wusste, dass dieses Mädchen von den Menschen sehr enttäuscht war, denn es hatte schlechte Erfahrungen in seiner Pflegefamilie gemacht. „Weißt du", sagte Marie, nachdem das Mädchen ihr ein bisschen erzählt hatte, „es finden sich im Leben aber auch immer wieder liebevolle Menschen, ganz bestimmt! Ich will dir eine Geschichte erzählen." Das kleine Mädchen lächelte dankbar.

stelle mir vor, dass dort alle Vögel der Welt zusammen sind wie in einem Paradies. Ihre Federn schillern in allen Farben, die wir uns kaum vorstellen können, und ihr Gesang klingt... na, eben himmlisch! – Es muss wunderschön dort sein."

Der Vater, der keine Tränen sehen konnte, wollte die Kinder auch trösten. „Ich kauf euch einen neuen Vogel", sagte er. Aber beide Kinder protestierten heftig. Wie konnte er denken, dass Maxe ersetzbar war?! Er war etwas ganz Besonderes gewesen, gerade mit seinem Handicap, und sie wollten ihn so in Erinnerung behalten.

Eines Tages stellte Daniel fest, dass der Vogel seine frischgepflückte Vogelmiere gar nicht anrührte. Er hatte auch keine Lust, den Käfig zu verlassen, sondern schlief den ganzen Tag. Sie gaben ihm Aufbautropfen vom Tierarzt, redeten ihm gut zu und ermunterten ihn zum Singen. Aber man sah, dass der Vogel müde war. Er wurde alt. Manchmal hielt er sich nur mit Mühe auf der Stange und schwankte dabei hin und her.

Eines Morgens, als Daniel die Vogeldecke hochhob, stieß er einen Schrei aus: Maxe lag auf dem Boden des Bauers, und man sah, dass er tot war.
Das war ein trauriger Morgen! Obgleich sie alle gewusst hatten, dass Maxe alt und krank war, hatten sie sich nie vorgestellt, dass er sterben würde. Bis zum Schluss hatte er noch auf der Stange geschlafen, wenn er noch so sehr schwankte, und gestern noch hatte er ein kleines bisschen gesungen. Nun war es so still und leblos im Käfig. Daniel, David und die Eltern erzählten sich eine ganze Weile, wie schön es mit Maxe gewesen war. Sie dachten an seine Ausflüge auf die Gardinenleiste, seine Freundschaft mit dem Hund und über den Spaß, den sie mit ihm gehabt hatten, wenn er auf dem Tisch herumgelaufen war und sie ins Ohr gepickt hatte.
„Wir wollen ihm ein schönes Grab machen!", schlug Daniel vor, der sich wieder ein wenig von seinem Schmerz erholt hatte. Er fand einen kleinen Kasten, David brachte ein Stück weichen Stoff; da hinein betteten sie den Vogel, schlossen den Deckel und machten ihm im Garten ein kleines Grab, auf das sie noch ein paar Blumen legten.
„Er ist jetzt im Vogelhimmel", sagte die Mutter. „Ich

ihm auf den Boden und schaute ihm zu, wie er nach unsichtbaren Körnchen pickte. Der Vogel merkte, dass der Hund es gut mit ihm meinte, und verlor jede Scheu vor diesem aus Vogelsicht riesigen Ungeheuer.

Auch an den Mahlzeiten nahm Maxe gerne teil, indem er an der Tischdecke hochkraxelte. Irgendetwas Essbares fand sich immer, und es belebte das Familienleben, wenn das kleine gelbe Wesen zutraulich zwischen den Tellern spazierenging und auch schon mal bei dem einen oder anderen auf die Schulter krabbelte und ihm ins Ohrläppchen pickte.

Wenn er nach seinen Exkursionen dann wieder im Käfig saß (den musste man ihm zum Einsteigen auf den Fußboden stellen), sang er auf seine eindringliche Weise, badete bei warmem Wetter in seiner Vogelbadewanne, rieb sich sein Schnäbelchen an der Sepiarinde und pickte seine Körner aus dem Napf oder von den Hirsekolben. Im Sommer brachte Daniel ihm Vogelmiere aus dem Garten. Maxe beschäftigte sich auch gerne mit seinem Spiegel. Der hing an einer kleinen Kette im Käfig. Während er daran herumschnäbelte, erzählte er seinem Spiegelbild beinahe im Flüsterton irgendetwas in Vogelsprache. Menschenworte konnte er nicht nachsprechen, wie manche Wellensittiche es tun. Aber niemand vermisste das.

Abends deckte Daniel den Käfig mit einer Decke zu, die ihre Oma mit bunten Vögeln bestickt hatte, dann schlief der Vogel auf der höchsten Stange, auf die er mit einer kleinen Leiter gelangen konnte.

Maxe, der Wellensittich, war also ein geliebtes, langjähriges Mitglied der Familie.

Kletter-
Maxe

Maxe, der Wellensittich, wurde von der ganzen Familie geliebt, von Vater und Mutter, Daniel und David, am meisten vielleicht von Daniel. Jedenfalls kümmerte der sich am gewissenhaftesten um den Vogel. Maxe hatte ein Handicap, das für einen Vogel nicht unerheblich ist: Seit er sich den Kopf einmal an der Fensterscheibe gestoßen hatte, konnte er nicht mehr fliegen. Um dennoch ab und zu einen Flug zu genießen, hatte er etwas ausprobiert, das ihm, in Erinnerung an einen berühmten Fassadenkletterer, zu seinem Namen verholfen hatte: Er kletterte geschickt die Gardine hinauf bis zur Zimmerdecke, genoss ein wenig die Aussicht, dann breitete er die Flügel aus und segelte hinunter. Auf dem Fußboden trippelte er dann herum und machte kleine Ausflüge.

Auch der Familienhund mochte den Vogel. Man kann sagen, sie waren Freunde. Der Hund, der sonst hinter allem herjagte, was sich bewegte, legte sich flach vor

bisschen wie früher. „Es ist heute so schön ‚zuhausig'", sagte Peter dann, und der Vater lächelte traurig.
Auf Weihnachten freuten sich Anna-Lena und Peter also nicht besonders.
Eines Abends nahm der Vater nicht die Zeitung, schaltete nicht den Fernseher an, sondern stellte Anna-Lena und Peter eine Frage: „Was haltet ihr davon, wenn wir Weihnachten mit Hilda feiern?" Hilda kannten sie. Sie hatten schon einige Ausflüge mit ihr gemacht, und manchmal, wenn der Vater abends später kam, sagte er, er sei noch bei Hilda gewesen. Sie war ja ganz nett, aber Weihnachten? Anna-Lena und Peter sahen sich an. „Vielleicht wird es ja dann nicht ganz so öde wie letztes Jahr", meinte Peter. Dann stimmten sie beide zu. „Sie wird sich demnächst mal bei euch melden", sagte der Vater zufrieden.
Als die Kinder am nächsten Tag aus der Schule kamen, sah Peter es als Erster: Ein großer goldener Stern hing im Fenster! Schon im Treppenflur strömte ihnen der köstliche Duft von Plätzchen entgegen. Hilda stand in der Küche und begrüßte sie fröhlich: „Wir müssen doch hier endlich mal ein wenig Weihnachtsstimmung schaffen, nicht?!"
In ihrem Zimmer fanden sie jeder ein Überraschungspäckchen. „Ich hab' ein Räuchermännchen!", rief Peter, und aus Anna-Lenas Ecke kam eine kleine, helle Weihnachtsmelodie. „Ich hab 'ne Spieluhr!", rief sie.
„Kinder, ich habe mich lange nicht mehr so auf Weihnachten gefreut wie in diesem Jahr!", sagte Hilda, als sie mit Anna-Lena und Peter später die Plätzchen mit Zuckerguss bepinselte. „Ihr auch?" Die Kinder nickten, und ein kleiner weihnachtlicher Hoffnungsschimmer zog durchs Haus.

daran gewöhnt, obgleich es schon zwei Jahre her war, dass ihre Mutter sie einfach mit dem Vater alleingelassen hatte. Ob sie sich jemals daran gewöhnen würden? „Wo ist deine Mutter eigentlich?", fragten Anna-Lenas Klassenkameradinnen manchmal, und ihr war es peinlich, sagen zu müssen, dass sie es nicht weiß, dass sie nie wieder von ihr gehört hatten seit jenem Tag, als sie den Brief auf dem Küchentisch fanden. Sie hatte geschrieben, sie könne nicht mehr für sie sorgen. Sie wolle ihre Karriere nicht aufgeben.

Wie oft hatten Anna-Lena und Peter darüber nachgedacht. Sie konnten es nicht verstehen. Wenn sie Kinder hätten, würden sie so etwas nie tun. Sie würden ihre Kinder nie verlassen. Mindestens besuchen würden sie sie. Warum konnte es bei ihnen nicht wenigstens so sein wie bei den anderen Scheidungskindern? Anna-Lena und Peter kannten viele Kinder, die geschiedene Eltern hatten. Aber bei allen war die Mutter dageblieben, und den Vater sahen sie am Wochenende. Einige wohnten abwechselnd eine Woche bei der Mutter und eine beim Vater. Mit allem wären sie einverstanden. Manchmal sagte Peter zu Anna-Lena: „Ich will sie gar nicht wiederhaben. Sie ist keine Mutter, wenn sie ihre Kinder verlässt!" „Ja, die Erwachsenen sind so gemein", fand Ann-Lena, „die sind oberblöd und superdumm. Erst heiraten sie mit Brautkleid und so, kriegen Kinder und dann…"

Der Vater kam abends immer spät von der Arbeit. Er freute sich auf seine Kinder und lobte sie, dass er sich so gut auf sie verlassen konnte, wenn sie alleine waren. Dann nahm er seine Zeitung und stellte das Fernsehen an, um sich abzulenken. Ganz selten erzählte er ihnen eine Gutenachtgeschichte. Das war dann ein kleines

Der Stern im Fenster

Es sind nur noch zwei Wochen bis Weihnachten, aber Anna-Lena und Peter sind gar nicht in Adventsstimmung, überhaupt nicht. Es sieht auch nicht gerade weihnachtlich bei ihnen aus. Nicht einmal einen Adventskranz haben sie. Das Einzige ist das kleine Engelchen, das Anna-Lena von ihrer Freundin geschenkt bekam; und Peter hat vom Julklapp einen kleinen Weihnachtsmann, dem aber schon ein Stück fehlt, denn er ist aus Schokolade. Das ist alles.
Früher hatten sie Adventskalender mit vierundzwanzig kleinen Päckchen. Im Fenster hingen Sterne, der Adventskranz brannte, und ein Duft von Weihnachtsplätzchen zog durch die Wohnung. Als die Mutter dann ihren Traumjob beim Fernsehen bekam, hatte das aufgehört. Sie hatte viel zu tun und war ständig auf Reisen. Nein, weihnachtlich war ihnen jetzt gar nicht zumute. Anna-Lena und Peter hatten sich immer noch nicht

bergen, alten Gemäuern, Brunnen und einfachen Steinhäusern. In einem dieser Häuschen wohnte Guiseppe. Als sie kamen, stand er gerade in seinem Orangengarten. Einen großen Hut trug er gegen die sengende Sonne. Seine Haut war braun und runzelig. Als Sandro sich ihm näherte, schaute er auf und stutzte. Beide zitterten vor Erregung. Guiseppe, weil dieser Junge seinem Sohn sehr ähnlich sah, und Sandro, weil er endlich einen richtigen Verwandten gefunden hatte. Endlich würde Guiseppe ihm alle Fragen beantworten können. Dann erst konnte er sein neues Leben als Tobias Zäuner in Ruhe leben.

Im Herbst dann, als die Orangen geerntet waren, machte sich der alte Großvater auf den Weg, um seinen wiedergefundenen Enkel zu besuchen und sich bei den Kellnern aus der Pizzeria persönlich zu bedanken.
Sandro zeigte ihm das Haus und sein Zimmer. „Que bello! Wie schön!", staunte der Großvater, „in dein Zimmer passt ja fast mein ganzes Haus rein!" Er staunte auch über die vielen Spielsachen und über das, was Sandro schon alles gelernt hatte. „Das alles könnte ich dir nie bieten. Gut, dass du das hast", sagte er. „Aber wenn ich groß bin", Sandro reckte sich ein wenig, „dann komme ich vielleicht für immer nach Sizilien."
„Wer weiß?", lächelte der Großvater.

sein treuer Beschützer, leise zu knurren begann. Aus dem wilden Durcheinander versteht Sandro schließlich das Wichtigste: Es ist eine E- Mail aus Taormina gekommen. Ein alter Mann hat sich gemeldet. Er heißt Guiseppe Torrone und hatte einen Sohn, der nach Deutschland reiste und nie wiederkehrte. Von einem Enkel-Kind weiß er nichts.
Da geben sie Sandro ein Foto, das sie ausgedruckt haben: Ein kleiner Mann mit freundlichen Augen und Schnauzbart steht in einem Orangengarten. „Dein Opa!", jubeln alle und umarmen ihn. An diesem Tag kommen Sandro und Carlo aber richtig zu spät nach Hause, und die Kinderfrau wird entlassen.

Nachdem sich der Zorn von Sandros Adoptiveltern über die unaufmerksame Kinderfrau und über Sandros Eigenleben in der Pizzeria einigermaßen gelegt hatte, wagte Sandro es endlich, ihnen die Neuigkeit zu erzählen. „Paulo und die anderen haben meinen Großvater gefunden! In Sizilien! Er hat einen Orangengarten!" Die Pflegeeltern wollten es erst nicht glauben. Sie luden die Kellner am nächsten Tag zu sich ein, und dann begannen sie, sich mit Sandro zu freuen. Endlich nahmen sie sich mal ein bisschen Zeit für den Jungen und versuchten, ihn zu verstehen. „Und in den Ferien wollten wir sowieso nach Italien fahren, dann schauen wir mal bei deinem Opa vorbei", sagten sie. Sandro machte einen Luftsprung.

In den nächsten Ferien machte Familie Zäuner samt Hund also eine Reise nach Sizilien. Sie fuhren auch in das kleine Dörfchen auf einem Hügel, vorbei an Wein-

fühlte er sich nun noch fremder. Er gehörte nicht wirklich zu ihnen. Das war ihm jetzt sonnenklar. Aber was sollte er dagegen tun? Er war nun mal jetzt Tobias Zäuner.
Wenn Sandro in den nächsten Wochen auskniff, fuhr er nicht mehr zum Schrottplatz, sondern ging zur Pizzeria. Dort wusch er Teller ab, unterhielt sich mit seinen neuen Freunden Paulo, Francesco und Angela und durfte auch mal, wenn viel zu tun war, Getränke servieren. Nach ihren Nachforschungen wagte er nicht zu fragen. Sicher hatten sie es längst vergessen. Aber immer mehr fühlte er sich dort wie zu Hause. Die Kinderfrau sagte, wenn er zurückkam, mit gerümpfter Nase: „Du riechst ja schon wieder nach Pizza!" Aber sie war viel zu froh, wenn er pünktlich zurück war, um näher nachzuforschen, wo er nachmittags so oft steckte. So bekam sie wenigstens von Zäuners keinen Ärger.

Eines Tages, als Sandro wieder mit Carlo, der sich schon auf sein Stück Salami freute, in die Pizzeria kam, winkten ihm Paulo und Francesco gleich wild zu. Sie überschütteten ihn mit halb italienischen, halb deutschen Sätzen, und er verstand nur die Worte E-Mail und Opa. Das sagte ihm rein gar nichts. Er wurde auch nicht so schnell schlauer, denn die beiden hatten viele Gäste und mussten ständig bedienen. Sandro half nach Kräften mit. Zwischendurch riefen die Kellner ihm ein paar Worte zu, aus denen er verstand, dass eine gute Nachricht eingetroffen war. Sollte es womöglich mit ihm und seiner Familie etwas zu tun haben?
Als der letzte Gast gegangen war, prasselten die guten Nachrichten so heftig auf Sandro nieder, dass Carlo,

und ließ dabei das R rollen. Wenn er groß wäre, würde er im Süden leben, unter der Sonne, wo süße Weintrauben wuchsen und die Menschen gerne sangen wie die Kellner in der Pizzeria an der Ecke.

Die Pizzeria „Sicilia" hatte er eines Mittags nach der Schule entdeckt. Ein Kellner stellte pfeifend gerade eine Tafel mit der Speisekarte auf. Wunderbarer Pizzaduft drang aus der geöffneten Tür. Sandro vergaß die Kinderfrau, die jetzt mit dem Essen auf ihn wartete. Es zog ihn mit aller Macht hinein zu einer duftenden, knusprigen Pizza. Sofort fühlte er sich hier wohl. Die heitere Musik, die Scherze, die die Kellner sich gegenseitig zuriefen, ihr munteres Geträller, wenn sie servierten, alles schien ihm vertraut. Nachdem er mit seinem Taschengeld bezahlt hatte, mochte er noch gar nicht gehen. Er schaute sich noch die Fotos an der Theke an. „Wo ist das?", fragte er Paulo, den kleinen lustigen Kellner. „Sizilien, Taormina, meine Heimat!", lachte der. „Bellissimo!" Das Lokal war inzwischen leer, und Sandro ging immer noch nicht. Er saß auf einem Hocker und schien auf etwas zu warten. „Du siehst auch italienisch aus", sagte Paulo und zwinkerte ihm zu. Da begann Sandro ihm seine Geschichte zu erzählen. Paulo rief gleich seinen Kollegen Francesco und Angela, die die Gläser abwusch. Alle drei hörten ihm aufmerksam zu. Sie umarmten ihn als einen der ihren und versprachen sofort, Freunde in ihrer Heimat nach einer Familie Torrone zu fragen.

Seitdem fühlte sich Sandro nicht ganz so allein. „Wo ich herkomme, ist es viel schöner!", dachte er oft voller Stolz. Aber in der Schule und bei seiner neuen Familie

und begleitete ihn bis zum Ziel, einem Schrottplatz, den Sandro noch von früher kannte. Sandro suchte sich unter den Autowracks einen alten verrosteten Jeep aus, setzte sich hinter das Steuer, ruckelte an der morschen Gangschaltung herum und gab dann laute Motorgeräusche von sich. Er war jetzt nicht mehr Tobias, sondern Sandro und auf dem Weg zu seinen richtigen Eltern, die er nie kennengelernt hatte. Er fuhr über lange Straßen, die Sonne knallte auf das Dach, Sandro sang „O sole mio..." Da jaulte Carlo. Er wurde nass vom Regen. Sandro kehrte wieder ins kalte graue Deutschland zurück, lief mit Carlo zur Haltestelle und überlegte sich schon mal eine Ausrede für das Kindermädchen.

Sandro wusste noch nicht sehr lange, warum er den italienischen Namen hatte. Erst kurz bevor er adoptiert wurde, hatte man ihm etwas über seine Eltern gesagt. Er konnte nun besser begreifen, warum er sich immer ein bisschen fremd gefühlt hatte inmitten seiner Spielgefährten, immer so als gehöre er eigentlich nicht ganz dazu. Man hatte ihm erzählt, dass seine Eltern mit ihm aus Süditalien gekommen waren, um in Deutschland zu arbeiten. Beide starben dann bei einem Unfall. Nur er überlebte und wurde in ein Kinderheim gebracht.
Sandro konnte sich an nichts erinnern.
Wie seine Eltern wohl ausgesehen hatten? Waren sie fröhliche Menschen gewesen? Sangen sie so gern wie er? Waren sie klug? Diese Fragen konnte ihm niemand beantworten. Wenn er groß wäre, würde er nach Italien fahren und alle Leute, die er traf, nach seinen Eltern fragen. Er wusste immerhin den Namen: Torrone. Manchmal murmelte er ihn leise vor sich hin: Sandro Torrone –

mit diesem Namen nach ihm rief, und dass er erst spät bemerkte, dass er gemeint war. In der neuen Schule versprach er sich auch noch manchmal, wenn er nach seinem Namen gefragt wurde: „Sandro – hmm – Tobias." Dann lachten die Kinder ihn aus: „Der weiß wohl nicht mal, wie er heißt." Sandro schämte sich und hatte jetzt Heimweh nach dem Kinderheim. Dort kannten sie wenigstens seinen richtigen Namen. Nun war er adoptiert, wie er es sich immer gewünscht hatte, aber er fühlte sich gar nicht geborgen. Alles war fremd, das Haus schien ihm riesig, die neuen Eltern waren meistens fort, und Sandro blieb mit der langweiligen Kinderfrau alleine. Wenn seine neuen Eltern Partys gaben, wurde er allen stolz vorgestellt. Fein gekleidet, sorgfältig gekämmt wandte er alle Höflichkeitssätze an, die er inzwischen gelernt hatte. Dabei langweilte er sich unendlich. Auch Eisenbahn und Computerspiele hingen ihm bald zum Hals heraus. Viel lieber wäre er irgendwo draußen gewesen wie früher und hätte etwas richtig Spannendes erlebt. Ganz klar war ihm selbst nicht, worauf er eigentlich wartete.

Aber einen gab es im Haus, der ihm ein heimatliches Gefühl gab, das war Carlo, der Hirtenhund. Schon am ersten Tag hatte er Sandro seine Freundschaft angeboten, indem er ihm vertrauensvoll seinen Kopf aufs Knie legte, als sie am Tisch saßen, und dann war er nicht mehr von seiner Seite gewichen. Carlos Fell fühlte sich warm und behaglich an, und es war gut, in seine klugen, treuen Augen zu schauen.
Carlo war auch dabei, als Sandro zum ersten Mal auskniff. Er sprang hinterher, als Sandro in einen Bus stieg

Wo ich herkomme

„Ab jetzt heißt du Tobias Zäuner", sagte der fremde blonde Mann, und seine Frau nickte. Dabei klimperten ihre teuren Ohrringe. Sie brachten ihn mit ihrem Mercedes in ihre Luxusvilla und wollten nun seine Eltern sein. Immer hatten sie sich ein Kind gewünscht, und Sandro mit seinen schwarzen Locken und dunklen Augen gefiel ihnen gleich.

Eine Menge hatten sie ihm zu bieten: ein riesiges Kinderzimmer mit Spielsachen, elektrischer Eisenbahn, Carrerabahn, Computer mit Internet und Computerspielen, gutes Essen, eine Kinderfrau und einen großen Garten.

Tobias soll ich jetzt heißen? Sandro erschien das, als wolle man ihn von sich selber trennen. Wenn er Tobias hieß, war es fast so, als wäre er jemand ganz anderer, als würde er sich selber fremd. Am Anfang geschah es oft, dass er sich erst gar nicht umdrehte, wenn jemand

Sie sah gar nicht mehr so verhärmt aus. Gleich holte sie einen Brief hervor. „Was hältst du davon, wenn wir Papa in Australien abholen?" Nina war sprachlos. „Ja, wir müssen uns wohl alle ein wenig umstellen, wenn wir zusammenbleiben wollen. Vielleicht klappt's ja!"
Die Mutter lachte über das verblüffte Gesicht ihrer Tochter, und Nina dachte, dass glückliche Familien doch etwas anders sind, als sie immer geglaubt hatte. Der eine ging in die Garage, den anderen musste man in Australien abholen. Ob es nicht doch noch ein Mittelding gab? Jedenfalls war das ja doch sehr viel spannender, als jeden Abend Punkt sieben den Vater zu erwarten, auch wenn man auf ein Stückchen Sicherheit verzichten musste.

Der Wohnwagen stand am Ufer eines großen Sees in Schweden. Die Kinder waren den ganzen Tag mit Schwimmen, Rudern und Angeln beschäftigt. Sie beobachteten Seeadler, entdeckten eine Elchspur und ließen sich von Annas Vater alle kleinen Tiere, die sie fanden, erklären. Es gab auch Blaubeeren, Preiselbeeren und Pilze im Wald. Das Essen bereiteten sie auf einem großen Spirituskocher zu. Und abends, wenn die Sonne in den See tauchte, spielte der Vater auf der Mundharmonika. Dann dachte Nina an ihre traurige Mutter, die jetzt alleine zu Hause wartete, und an ihren Vater, den sie vielleicht nie wiedersehen würde.

Sie hätte sich gar nicht so viele Sorgen machen müssen. Denn Annas Mutter war die Richtige für solche Lebenslagen. Sie besuchte Ninas Mutter und erzählte ihr von ihrem Familienleben, vom Vater in der Garage und vom Wohnwagen. „Eine kleine Trennung ab und zu belebt das Familienleben! Dein Mann fühlte sich bestimmt wie im Käfig. Darum ist er ausgeflogen." Ninas Mutter hatte an diesem Brocken schwer zu schlucken, denn solche Gedanken gingen ganz gegen ihre Natur. „Schon meine Eltern und meine Großeltern…", wollte sie erklären, doch Annas Mutter schnitt ihr das Wort ab. „Du solltest seine Adresse ausfindig machen und ihm vorschlagen, dass ihr in Zukunft etwas lockerer an euer Familienleben herangeht. Vielleicht kommt er wieder. Vielleicht aber auch nicht." „Ich hab' Angst. Hilfst du mir dabei?", bat Ninas Mutter.

Als Nina fröhlich und gebräunt wieder vor der Tür stand, wurde sie von einer veränderten Mutter erwartet.

nicht weglaufen konnte? Abends sahen sie stets gemeinsam dieselbe Fernsehsendung. Nur wenn der Vater zur Arbeit ging, trennten sie sich. Nina hätte es sehr erschreckt, wenn ihr Vater auch nur fünf Minuten später als gewöhnlich nach Hause gekommen wäre. Sie schätzte diese Verlässlichkeit. Bei ihnen war eben alles in Ordnung. Sie hatte zum Glück keinen Vater, der im Wohnwagen wohnte.

Aber wer hätte gedacht, dass Ordnung und Pünktlichkeit so täuschen können?! Eines Abends, es war Punkt sieben, war Ninas Vater noch nicht da. Das war höchst ungewöhnlich. Nach zwanzig Minuten Wartezeit gerieten Nina und ihre Mutter in Panik. Eine Stunde später riefen sie alle Unfallstationen an, zum Glück ohne Ergebnis. Schließlich fand Ninas Mutter auf dem Schreibtisch ihres Mannes, ordentlich abgelegt die Rechnung. Der Vater hatte ein Flugticket nach Australien gekauft – ohne Rückflug. Er hatte sich einfach davongemacht! Warum bloß? Bei ihnen war doch wirklich alles in Ordnung. Darüber grübelte Nina in den nächsten Tagen nach und fand keine Antwort.
Herrschte in Ninas Familie womöglich zu viel Ordnung und zu viel Nähe?

Nina sorgte sich und genierte sich – vor allem darüber, dass ihr verlässlicher Vater nicht einmal angerufen hatte. Darum erfuhr Anna diese Begebenheit erst sehr viel später, als die Sommerferien schon begannen. „Ach, der kommt sicher wieder, wie meiner", tröstete sie ihre Freundin. Dann überredete sie ihren Vater, sie und Nina auf seine nächste Tour im Wohnwagen mitzunehmen.

selbst im kältesten Winter. Das brauchte er für seinen inneren Frieden, und Annas Mutter liebte ihren Mann für diese Eigenschaft, sich im richtigen Moment zurückzuziehen.

Als der Vater zum ersten Mal in die Garage zog, ging Anna voller Mitleid gleich zu ihm, brachte ihm eine Käsestulle und einen Apfel. Da fand sie den Vater freudestrahlend im Wohnwagen. Er hatte sich gerade ein Spiegelei gebraten. Der Teekessel summte auf dem Kocher. „Komm rein in die gute Stube!", lachte er.

Von da an machte sie sich keine Sorgen mehr um ihn, auch nicht, wenn der Wohnwagen eine Zeit lang verschwunden war. Sie wusste dann, dass der Vater irgendwo an einem idyllischen Plätzchen seine Freiheit genoss und sich bereits darauf zu freuen begann, wieder mit ihnen zusammen zu sein. „Eine Trennung von Zeit zu Zeit ist gut für das Familienleben", sagte er dann, wenn er sich wieder an seinem Platz am Esstisch niederließ, als sei er nie fortgewesen. Er erzählte ihnen dann die vielen Geschichten, die er sich inzwischen ausgedacht hatte, und manchmal war auch ein neues Lied dabei.

„Ihr könnt gar keine glückliche Familie sein mit einem Vater in der Garage." Annas Freundin Nina zweifelte an dieser Art Familienleben. Bei ihnen wäre so etwas undenkbar. *Ihre* Eltern waren glücklich. Nie fiel ein böses Wort. In ihrer Freizeit gingen sie nur gemeinsam aus dem Haus und hielten sich dabei an den Händen, so wie es schon ihre Eltern und deren Eltern getan hatten. Man konnte nie genau erkennen, wer wen eigentlich hielt; oder hielt gar der eine den anderen fest, damit er

Manchmal zieht Vater in die Garage

„Wir sind eine glückliche Familie!", sagte Anna oft zu ihrer Freundin. Auch ihre Eltern fanden das. „Wir sind wirklich glücklich verheiratet!", dachten sie. Und es stimmte, auch wenn sie sich oft noch so sehr zankten. Denn das Leben ist immer so, wie man es betrachtet. Es kann krachen und gewittern, solange man es positiv sieht, ist es lebendig und spannend.
Und wie gesagt: manchmal krachte es in Annas Familie.

Manchmal, wenn Anna aus der Schule kam, stellte sie fest, dass der Platz des Vaters am Tisch leer war. „Papa wohnt wohl wieder in der Garage", bemerkte sie dann kurz, bevor sie sich an ihr Essen machte.
Der Vater zog immer dann aus ihrer kleinen Wohnung in die Garage, wenn es ihm drinnen zu unruhig wurde,

beiden rührten und kochten und probierten, und dann aßen sie beide mit großem Appetit Schoko(laden)-pu(dding) mi(t) Vani(lle)so(ße).
„Und was ist mit Ingrid? Du wolltest es mir erzählen!"
„Wir haben uns im ersten Monat jeden Tag einen Brief geschrieben; im zweiten Monat jeden zweiten Tag, im dritten einmal in der Woche. Dann wurde es immer seltener. Ja, merkwürdigerweise merkten wir es nicht einmal, denn beide hatten wir eine andere Freundin gefunden.

Hannah schwieg. Sie dachte nach... „Ich kann Sofia ja auch anrufen", sagte sie, und das klang nicht mehr ganz so verzweifelt wie vorhin.
„Aber eine neue Freundin will ich gar nicht. Es gibt keine so gute wie Sofia!"
„Abwarten und Teetrinken!", sagte die Oma und: „Kommt Zeit, kommt Rat." Da lächelte Hannah. „Du mit deinen Sprüchen!" Dann drückte sie ihre Großmutter ganz doll. „Gut, dass ich wenigstens dich habe!"

Als einige Wochen vergangen waren, sah die Lage schon wieder ganz anders aus. Die Großmutter rief an. Hannah berichtete gleich das wichtigste Ereignis: „Du, in meiner neuen Klasse ist ein ganz nettes Mädchen. Sie heißt Lina und ist jetzt meine beste Freundin. Wir haben auch eine Geheimsprache. Ich hab ihr schon Schokopumivaniso beigebracht." „Baut ihr auch Hütten?" „Nee, wir spielen andere Sachen." „Und Sofia?" „Wir schreiben uns. Sie hat auch 'ne neue Freundin. So, ich muss los, Tschüss!" Da legte die Großmutter beruhigt den Hörer auf.

Bruder Franz hatte ziemliche Preise: zum Beispiel dreimal Abwaschen für einen Brief. Ingrids Bruder Emil ließ sich mit Müllruntertragen fürs Briefeaustragen bezahlen. Manchmal grinsten die Jungen, wenn sie unsere Briefe brachten." „Bestimmt haben sie darin gelesen! Typisch Brüder!" Hannah kannte das.

Die Großmutter ließ das Strickzeug sinken, schaute nachdenklich in das Feuer und erzählte weiter. „Und dann kam Ingrid eines Tages mit der schlimmen Nachricht: Ihr Vater musste in einer anderen Stadt arbeiten." Hannah fuhr hoch. „Genau wie bei uns!", rief sie. „Habt ihr auch geweint?" „Klar haben wir geweint, tagelang! Wir haben Ingrids Eltern angefleht, es sich anders zu überlegen." „Wir auch!" Hannah war hellwach. „Aber bei solchen Dingen sind Kinder sowieso machtlos. Der Möbelwagen fuhr vor, Ingrids Spielkisten verschwanden erbarmungslos in dem Riesenwagen, das Klettergerüst, die Schaukel, das Fahrrad. Alles, alles fuhr nach Berlin und meine liebe Ingrid mit Emil und den Eltern hinterher."

„Und dann?" „Naja", sagte die Großmutter, „du weißt ja jetzt, wie das ist. Es tut furchtbar weh, wenn man sich von jemanden trennen muss, den man so gerne hat. Ich glaubte auch, ich würde nie wieder eine richtige Freundin finden." Hannah nickte traurig.

„So eine Freundin wie Ingrid habe ich damals nicht wieder gefunden, aber andere gute Freundinnen, ganz andere. Es hat aber eine Weile gedauert." „Und Ingrid?" „Das erzähle ich dir nach dem Abendbrot. Magst du Schokopumiwaniso?" „Was ist denn das?!" „Das war Ingrids und meine Geheimsprache, und es heißt... Na rate mal, was wir jetzt gleich kochen werden?"... Die

„Ingrid war meine beste Freundin. Wir mochten die gleichen Spiele und waren uns ziemlich ähnlich. Meistens trugen wir sogar die gleiche Frisur, sie in blond, ich in braun: Affenschaukeln oder Pferdeschwanz, Kränzchen, Mittelzopf, Hängezöpfe oder Schnecken." „Affenschaukeln – was ist denn das?!" Hannah konnte schon wieder lachen. „Affenschaukeln war unsere Lieblingsfrisur", erklärte die Großmutter. „Das waren Zöpfe, die zu hängenden Ringen befestigt wurden. Die schlenkerten lustig, wenn man den Kopf bewegte." „Und Schnecken? Was soll das für 'ne komische Frisur sein?" „Schnecken waren im Winter sehr praktisch, denn die zusammengerollten Zöpfe wurden über den Ohren festgesteckt. Schön warm war das." „Machte das nicht viel Arbeit?" „Das kann ich dir sagen! Wenn Ingrid mit wippendem Pferdeschwanz angelaufen kam, wusste ich, dass sie verschlafen hatte.

Wir trafen uns vor der Schule immer an der Straßenecke. Wenn es zu spät war und wir schon losmussten, malten wir schnell ein bestimmtes Zeichen auf das Pflaster, damit die andere wusste, dass sie nicht warten sollte.

Jeden Tag waren wir zusammen. Alles, was wir erlebt hatten, erzählten wir uns sofort. Immer gab es etwas zu kichern und irgendwelche Geheimnisse." „Genau wie bei uns!" rief Hannah. Die Großmutter nickte und erzählte weiter: „Wenn wir mal krank waren, meistens war das gleichzeitig, hielten wir es kaum ohne einander aus. Es gab ja noch kein Telefon." „Auch kein Handy und kein Fax und keine Computer, nicht?" „Nein, wir schrieben uns eben Briefe. Die trugen unsere Brüder dann aus, natürlich nur gegen eine Belohnung. Mein

nah schüttelte den gesenkten Kopf. „Hast du dich vielleicht mit jemanden gestritten?" Der Kopf wurde noch heftiger geschüttelt. Dann kamen Tränen. Die Großmutter legte ihren Arm um Hannah. „Sofia zieht weg!", schluchzte Hannah. „Sie zieht ganz weit weg, 1000 Kilometer! Dann hab ich keinen mehr zum Spielen! Ich finde das so gemein! Wir haben uns gerade die tolle Hütte im Garten gebaut. Mit Gardinen und mit einem Regal. Und eine Geheimsprache haben wir auch, die versteht kein anderer, nur wir. Und nun muss ich ganz alleine nach den Ferien in die neue Schule, sonst wäre Sofia in meiner Klasse gewesen und..." Das andere konnte man nicht verstehen, denn Hannah weinte ganz laut. Dann verkroch sie sich auf Großmutters Schoß, ließ sich lange wiegen und tröstende Worte ins Ohr sagen und begann langsam ruhiger zu werden.

Die Großmutter zündete den Kamin an. Das kam nicht oft vor. Sie saßen davor und schauten in die Flammen. Es zischte gemütlich und roch gut nach Harz und Rauch. Das Feuer war warm und tat gut. Großmutters Stricknadeln klimperten leise. „Erzählst du mir von früher, als du klein warst?", bettelte Hannah. „Soll es eine traurige oder eine fröhliche Geschichte sein?" „Beides, ein bisschen traurig und ein bisschen fröhlich." Die Großmutter ließ das Strickzeug sinken. Hannah schaute sie gespannt an. Als sie ein Aufleuchten in ihrem runden Gesicht entdeckte, wusste sie, dass gleich die Geschichte beginnen würde.

Die Nadeln klimperten wieder, und die Großmutter erzählte:

Sofia zieht um

„Du hast ja heute regelrechte Gewitterwolken in deinem Gesicht, Hannah!" Die Großmutter wunderte sich, denn sonst kam Hannah immer fröhlich angesprungen, wenn sie bei ihr zu Mittag essen durfte. Beide liebten diese Verabredungen. Sie gehörten zu den Höhepunkten der Woche. Es musste wirklich etwas passiert sein, wenn Hannah bei dem verlockenden Duft von Großmutters Reibekuchen solch ein Regenwetter-Gesicht machte. Und es war auch etwas passiert. Aber das erzählte Hannah der Großmutter erst, nachdem sie lange auf ihrem Teller herumgestochert und stundenlang auf ihren Bissen herumgekaut hatte. Noch nicht mal der Saft war gerutscht.

Die Großmutter konnte diesen Kummer nicht länger mit ansehen. „Nun sag schon, Hannah, was ist denn so Schlimmes passiert? Hast du 'ne 5 geschrieben?" Han-

Klara vorbeischauen. Bestimmt würde es nicht langweilig und nicht still.

Einen hätte ich beinahe vergessen. Ohne ihn wäre Bekes Mutter vielleicht nie mitgefahren. Sie hatte sich nämlich verliebt. Wer ihr Liebster war? Brittas Onkel Olaf! Auf den setzte Beke ihre ganze Hoffnung, denn sie wollte auch so gerne wieder eine größere Familie haben. Na, wer weiß?

Beke jedenfalls ist noch nie so gerne in die Ferien gefahren wie dieses Mal.

„sie rauscht wie das Meer. Ich schenk' sie dir. Wollen wir noch mehr suchen? Alleine ist es so langweilig!"
Britta und Felix sammelten dann stundenlang Muscheln, und Britta fand das große Stück Bernstein, das sie immer noch in ihrem kleinen Regal aufbewahrt. Während sie sich jetzt erinnert, nimmt sie den Bernstein in die Hand. Ja, von da an hat sie Felix nett gefunden und sich auch fast gar nicht mehr gelangweilt.
Uwe und Felix machten abends am Strand ein Lagerfeuer. Britta sammelte Strandgut: Eine Kiste als Tisch und Bretter für Bänke. Dann grillten sie zusammen Würstchen und sahen dabei zu, wie die Sonne unterging und das Meer rotgolden schimmerte.
„In den Ferien hab ich mich irgendwie an Uwe und Felix gewöhnt. Als wir dann aber nach 'ner Zeit bei denen zu Hause einziehen sollten, hatte ich Angst. Ich wollte nicht. Doch dann sagte Felix: „Ich bin froh, wenn ich nicht mehr alleine bin." „Ich auch", sagte ich. „Ich auch!", sagten Uwe und meine Mutter gleichzeitig. Das war komisch. Und dann erzählten sie uns, dass wir bald ein kleines Brüderchen bekämen. Das war Benjamin. Der hat aus uns eine neue Familie gemacht."

Wieder waren die Sommerferien gekommen. „Das nächste Mal können wir gleich einen ganzen Bus mieten!", rief Uwe. „Das lohnt sich doch für so viele Personen, einen Patchwork-Bus!"
Die vielen Personen waren Britta und ihre neue Familie mit Mutter Inga, Vater Uwe, Felix und Benjamin, sowie Brittas Vater Thomas mit Lea und dem kleinen Julius und noch Beke mit ihrer Mutter. Vielleicht würde auch noch Uwes Exfrau Ute mit Freund Sven und Tochter

stellen, wie es mir immer geht, so alleine mit meiner Mutter!" Britta nickte. „Du warst bestimmt froh, als deine Mutter den Uwe kennenlernte?" Britta lachte. „Überhaupt nicht. Ich hasse Uwe, und mit Felix wollte ich sowieso nicht spielen." „Du warst doch bloß eifersüchtig!" „Stimmt. Wenn ich schon so gut wie keinen Vater mehr hatte, wollte ich meine Mutter wenigstens für mich haben." „Und wie haben Uwe und Felix es schließlich geschafft, dass du sie doch mochtest?" Britta überlegte. Hatte es nicht damals im Urlaub angefangen, an der See?

Britta war mit ihrer Mutter an die Ostsee gefahren. Sie hatten das herrlichste Sonnenwetter. Am ersten Tag buddelte und badete Britta mit Begeisterung, während ihre Mutter im Strandkorb las. Aber schon am zweiten Tag begann sie sich zu langweilen. Ihre Mutter las ein Buch nach dem anderen und wollte sich von ihrem ganzen Stress erholen, und Britta sollte sich alleine beschäftigen. Am dritten Tag, als sie gerade lustlos in ihrer Sandburg schaufelte und sich nach ihren Freundinnen zu Hause sehnte, stürmten plötzlich zwei Gestalten auf sie zu: Uwe und Felix. Auch das noch! So eine Gemeinheit! Britta fühlte sich völlig überfahren und ärgerte sich schwarz, als Uwe ihre Mutter küsste und sich in ihrem Strandkorb breitmachte und als der Felix einfach ihre Schaufel nahm und anfing, an ihrer Sandburg zu bauen. „Ich geh nach Hause!", hatte sie beleidigt verkündet und war in die Ferienwohnung gegangen. Dort hockte sie sich vor den Fernseher und kochte weiter vor Wut. Und dann kam Felix. Er hatte einen Seestern gefunden, einen Krebs und eine Rauschmuschel. „Horch mal!", sagte er,

Nicht selten schneite auch Brittas richtiger Vater Thomas herein und brachte seinen kleinen Sohn Julius mit. Brittas Vater lebte jetzt mit Lea zusammen. – Nein, still war es bei Britta nie.

Zuerst hatte Beke Schwierigkeiten gehabt, zu verstehen, wer eigentlich zu wem gehörte, besonders, wenn auch noch die Rede von Ute, Uwes „Exfrau" und ihrer Tochter Klara, sowie Utes neuem Freund Sven war. Brittas Mutter hatte Beke erstmal alles aufmalen müssen. „Ja, wir sind eben eine richtige Patchwork-Familie", hatte sie Beke lachend erklärt. Beke wusste, was Patchwork ist, denn sie hatte eine schöne, bunte Patchworkdecke auf ihrem Bett. Die war aus vielen fröhlich gemusterten Flicken zusammengesetzt. Diese Familie war wirklich genauso bunt und fröhlich wie ihre Decke.

„Du hast es gut!", seufzte Beke nach dem Essen, das wieder recht lebendig mit viel Erzählen und Gelächter verlaufen war. Selbst das Tischabdecken und Abwaschen hatte gemeinsam richtig Spaß gemacht. „Ja, jetzt habe ich es gut. Aber früher… Schade, dass man nicht in die Zukunft schauen kann! Sonst hätte ich mich nicht so aufgeregt, als meine Mutter mit mir damals ausgezogen ist, weil mein Papa sich in Lea verliebt hatte. Ich dachte damals, ich würde nie wieder lachen können, und ich habe Lea gehasst. Dabei ist sie eigentlich sehr nett. Wir besuchen uns manchmal. Und Julius ist so süß!" „Da war es bei euch früher auch still, so wie bei uns, nicht?" „Ja, erst war es schrecklich. Meine Mutter war meist mieser Laune, und Papa bekam ich so gut wie nie zu sehen. Der kommt erst wieder, seit bei uns was los ist, das mag er." „Da kannst du dir ja gut vor-

Die Patchwork-Familie

Beke ging nach der Schule am liebsten zu Britta. Bei ihr zu Hause war sowieso niemand, denn ihre Mutter kam erst abends von der Arbeit heim. Beke lebte alleine mit ihrer Mutter in einer kleinen Wohnung. Ihren Vater kannte sie gar nicht, und Verwandte hatten sie auch nicht, nicht einmal eine Großmutter. Es war immer ziemlich still bei ihnen.

Bei Britta war es überhaupt nicht still. Da fiel es gar nicht auf, wenn noch einer mehr am Tisch saß.

Es gab da Brittas Mutter Inga, ihren Stiefvater Uwe und seinen Sohn Felix. Im Kinderstühlchen krähte munter der kleine Benjamin, das gemeinsame Kind von Inga und Uwe, also Brittas Halbbruder. (Alle fanden, dass Halbbruder ein schreckliches Wort ist, darum benutzte es auch keiner. „Benjamin ist mein ganzer Bruder, basta", sagte Britta, wenn die Rede davon war.)

das kleine, weiße Hündchen, das in Todesangst seinem Frauchen auf den Schoß sprang. Balduin bellte noch ein paarmal, dann begab er sich zu seinem Napf, holte sich ein paar Brocken und legte sich dann mit unübersehbarem Besitzerstolz in seinen Korb. Erst als Oskars Besuch mit dem Hündchen fort war, lief er zu Hermine zurück.

Das Hündchen, es hieß Flipp, kam jetzt oft mit seinem Frauchen. Sie brachten Balduin jedes Mal etwas Besonderes mit. Beim ersten Mal einen Lederknochen, den rührte er gar nicht an; beim zweiten Mal einen echten Knochen, den beschnupperte er kurz, holte ihn sich aber erst, als die beiden gegangen waren. Beim dritten Mal konnte er nicht widerstehen: es war frisches Geschnetzeltes. So etwas gab es sonst nur Weihnachten. An diesem Tag wagte sich Flipp zum ersten Mal vom Schoß seines Frauchens herunter. Gönnerhaft überließ ihm der zufriedene Balduin sogar ein Stück Fleisch. Als er in den Garten lief, bemerkte er, dass das Hündchen ihm folgte. Auf Schritt und Tritt lief es hinter ihm her; wo er schnupperte, schnüffelte es auch. Es spürte wohl, dass nun keine Gefahr mehr von Balduin ausging. Und Balduin gefiel dieser kleine Hundefreund inzwischen offenbar doch ganz gut. Jedenfalls sah man die beiden nun regelmäßig im Dorf spazierengehen.

War es nun nur wegen der leckeren Mitbringsel, dass sich Balduin schließlich doch mit dem neuen Hündchen anfreundete? Nein, das Geschnetzelte hat nur ein wenig mitgeholfen, die Eifersucht zu besiegen. Hunde freuen sich eben genauso über Gesellschaft wie Kinder.

Eigentlich wurde es ja alles ganz angenehm für Balduin. Er hatte jetzt zwei Hundenäpfe und zwei Körbchen. Er bekam doppelt so viele Leckerbissen als sonst, und Hermine und Oskar streichelten ihn viel mehr als früher, denn jeder wollte ihn für sich gewinnen. Oskar holte ihn zum Spazierengehen sogar öfter ab und ging viel länger mit ihm als sonst.

Trotzdem, Balduin war unzufrieden. Er liebte eben seine Gewohnheiten, und er liebte es, wenn alle zusammen waren. Balduin wollte nicht umziehen, so sehr Oskar ihm auch schmeichelte mit Worten, Liebkosungen und Leckerbissen. Er fühlte sich als Beschützer von Hermine und als Wächter ihres Hauses. Balduin blieb da, wo sein altes, gut riechendes Hundekörbchen stand. Manchmal versuchte er jetzt nachts heimlich in Hermines Bett zu springen und sich an ihren Füßen zu wärmen, wenn sie schlief. Da roch es noch heimeliger und gemütlicher als im Körbchen. Irgendeinen Trost musste man ja haben! Meistens gelang es ihm, noch rechtzeitig, bevor sie aufwachte, zu entwischen.

Eines Tages bemerkte Balduin, dass Hermine so angestrengt aus dem Fenster blickte. Er sprang auf die Fensterbank. Da sah er drüben an Oskars Haustür eine Frau und so ein kleines, albernes Hündchen mit einer roten Spange im Haar. Sie gingen ins Haus. Hermine wandte sich ab und knurrte vor sich hin. Balduin knurrte noch lauter. Das war ja die Höhe! Einen anderen Hund ins Haus zu nehmen! Womöglich schlief er in *seinem* Korb und fraß auch noch aus *seinem* Napf *seine* Leckerlis! Balduin, flitzte durch die angelehnte Terrassentür und rannte bellend zu Oskars Haus. Dort kläffte er so lange, bis Oskar ihn einließ. Wütend stürzte sich Balduin auf

Aber leider, leider blieb es nicht so. –
So sehr sich Balduin auch anstrengte, so trotzig oder putzig er sich auch verhielt, es wirkte immer nur ganz kurz. Dann wurde es wieder so frostig und ungemütlich, dass auch der Kachelofen nicht dagegen ankam und Balduin sein Plätzchen auf der Ofenbank aufgab und sich verkroch.

Und eines Tages wurde es noch viel ungemütlicher. Da polterten laute Männer mit blauen Schürzen ins Haus. Sie nahmen die Hälfte des großen Bettes und trugen es einfach aus dem Haus und ebenso das Sofa und Kisten und Kästen. Balduin lief knurrend und bellend hinter ihnen her. Sie lachten nur und trugen die Sachen über die Straße in ein anderes Haus, genau gegenüber. Da stand Oskar. Er streichelte Baduin, kraulte ihn hinter den Ohren und redete nett mit ihm. Er zeigte ihm einen nagelneuen Hundenapf mit Leckerlis und ein Hundekörbchen. „Platz!", sagte er. Balduin sollte wohl darin schlafen. Da hörte er Hermine pfeifen. Balduin wusste nicht genau, wem er nun gehorchen sollte. Erstmal machte er sich über die Leckerlis her. Dann lief er zu Hermine. Sie streichelte ihn auch und redete freundlich mit ihm. Balduin wusste: „Sie will auch, dass ich bei ihr bleibe." Verflixt, war das schwierig! Balduin wollte sich unter das Sofa verkriechen, aber es war fort. Da legte er sich in seinen Hundekorb. Der roch heimatlich und vertraut. Er rollte sich zu einer Kugel zusammen und schlief erstmal eine Runde. Das alles war zu kompliziert für seinen kleinen Dackelkopf. Viel zu kompliziert!

Sogar der gemeinsame Sonntagsausflug fiel immer häufiger aus. Oskar blieb einfach weg, auch über Nacht! Am Kachelofen war es auch gar nicht mehr gemütlich. Balduin mochte da gar nicht mehr liegen. Er kroch lieber unter das Sofa. Die Luft war dick. Das merkt so eine feine Hundenase.
Balduin litt und in seinem kleinen Hundekopf rumorte es.

Eines Abends machte Balduin einen Rettungsversuch. Erstmal ging er an die Tür und jaulte. „Der Hund muss raus!", sagte Hermine. „Geh du doch!", knurrte Oskar. „Ich war schon zweimal mit ihm!", maulte sie. „Und ich bin müde!" „Typisch!", keifte Hermine. „Wieder einmal bleibt es an mir hängen!" Balduin stand mit eingekniffenem Schwanz an der Tür. Hermine nahm die Leine, befestigte sie an seinem Halsband und wartete, dass Balduin loslief wie immer. Aber nein! Wie festgewachsen blieb er stehen und rührte sich nicht vom Fleck, schaute nur mit großen, traurigen Hundeaugen sein Herrchen an, das auf dem Sofa saß. Hermine zog. Balduin stemmte sich gegen den Boden. Dabei jaulte er. „Er geht nicht mit mir!", stellte Hermine überrascht fest. Oskar erhob sich geschmeichelt, zog seine Jacke an und nahm Hermine die Leine ab. „Komm, Balduin, wir gehen spazieren!" Balduin jedoch stemmte sich wieder gegen den Boden und schaute nun Hermine mit bittenden Hundeaugen an. Es war eindeutig. Er ging nur, wenn sie beide mitkamen! Da war das Eis plötzlich gebrochen. Oskar und Hermine mussten lachen, Balduin wedelte mit dem Schwanz, und alle drei begaben sich auf einen Abendspaziergang. So fröhlich waren sie lange nicht gewesen.

men, kurzen Dackelbeinen eben konnte. Das waren seine glücklichsten Stunden.

Bevor Oskar abends nach Hause kam, wartete Balduin schon hinter der Haustür. Er wusste bereits, dass Oskar nahte, bevor er das Motorgeräusch seines Wagens hören konnte. Sobald Balduins Schwanz wie wild zu wedeln begann und er leise „Wuff! Wuff!" machte, goss Hermine den Tee auf. Sie konnte sich hundertprozentig danach richten. Oskar kam garantiert drei Minuten später vorgefahren. Balduin sprang dann stets jaulend vor Freude an ihm hoch, und Hermine kam mit ihrem Begrüßungskuss gar nicht an ihren Mann heran. Nach dem Tee nahm Oskar dann die Leine und Balduin, der schon auf der Lauer lag, trabte freudejaulend zur Tür. Der Abendspaziergang konnte beginnen.

Welch glückliche Zeiten!

Aber leider, leider blieb es nicht so. Balduin musste abends nämlich immer länger auf sein Herrchen warten. Wenn Hermine nervös zur Uhr schaute, blinzelte Balduin aus seinem Körbchen nur mit einem Auge kurz zu ihr hin. Er wusste es besser. Balduin wartete nicht mehr zur gewohnten Zeit an der Tür. Manchmal wedelte er erst zwei Stunden, dann drei oder vier Stunden später und machte „Wuff". Hermine goss keinen Tee mehr auf. Wenn Oskar dann endlich erschien, sprang Balduin wie immer an ihm zur Begrüßung hoch, er war ja ein treuer Hund und liebte seinen Herrn, auch wenn dieser abends keine Lust mehr zum Spazierengehen hatte. „Geh du doch!", schnauzte Oskar dann, und Hermine nahm wutschnaubend die Leine. Diese Abendspaziergänge machten Balduin überhaupt keinen Spaß.

Balduin, der Scheidungs-Hund

In einem kleinen Dorf lebten ein Mann und eine Frau mit ihrem Hund. Der Mann hieß Oskar, die Frau Hermine und der Dackel Balduin.

Balduins Liebstes waren Spazierengehen und Schnüffeln, sein Zweitliebstes das Fressen und sein Drittliebstes war, zwischen Herrchen und Frauchen auf der Ofenbank zu liegen. Im Bett durfte er das nicht. Aber auf der Ofenbank am Kachelofen, wenn sie zusammen aßen oder lasen oder mit Freunden plauderten.
Balduin führte ein glückliches Hundeleben.
Vormittags ging Hermine mit ihm spazieren, am Abend Oskar (weil er den ganzen Tag im Büro gesessen hatte) und sonntags beide. Dann liefen sie ganz weit am See entlang. Balduin konnte andere Hunde treffen, ihre Gerüche inhalieren, nach Maulwürfen buddeln, Stöckchen tragen und so schnell rennen, wie er mit seinen krumm-

So kommt es, dass Max zum ersten Mal in seinem Leben mit der Taxe nach Hause gefahren wird. Unterwegs erzählt der Vater ihm, dass er jetzt diesen Taxifahrerjob habe und eine kleine Wohnung in der Nähe und dass er und Susi immer zu ihm kommen können, wenn sie wollen und er Zeit hat. „Übrigens, du hast ja einen duften Lehrer! Herr Mitdenker hat mir geholfen, die neue Arbeit zu finden. Ich durfte die ganze Zeit bei ihm im Gartenhaus wohnen, bis ich eine Wohnung gefunden habe, und er hat mir immer von dir erzählt." Da wird Max rot, denn das konnte ja nichts Gutes sein. „Ich hab' jetzt kapiert, dass Kinder ihre Väter dringend brauchen." Dabei boxt er seinem Sohn ganz sanft in die Rippen, anders kann er seine Liebe noch nicht zeigen.

Zuhause nickt die Mutter, als er vom Vater erzählt. „Ja, ich weiß, endlich wird der Mann vernünftig!" „Ja, endlich!", seufzt Max erleichtert, und es klingt ungefähr wie wenn man bei einem großen Ballon die Luft rauslässt.

Im Kinderzimmer sitzt Susi, die alles mit angehört hat, vor ihrem Puppenhaus und baut um. Sie baut eine neue Wohnung für ihren Papa und spielt, wie die Kinder den Vater besuchen, mit ihm im Taxi fahren und toben und lachen. Da hat sie eine Menge zu tun, und kein Gummipfeil fliegt diesmal in ihre Puppenstube.

Max ein Chaos nach dem anderen, nicht nur im Puppenhaus und im Regal. Bei der kleinsten Gelegenheit explodierte er, boxte um sich, trat und warf mit Gegenständen. Andere Kinder weinen vielleicht, wenn sie Kummer haben und ziehen sich zurück. Max nicht. Denn Max war ein Kämpfer. Er liebte seinen Vater, und er brauchte ihn dringend. Und er hatte nur diese Möglichkeit, das auszudrücken.

So wurde Max zum Pausenschreck. Seine Mutter erhielt Anrufe von erbosten und besorgten Lehrern und wurde immer wieder in die Schule bestellt. Die Lehrer ermahnten Max und bestraften ihn. Er explodierte weiter. Besonders Herr Mitdenker, der Klassenlehrer, zerbrach sich den Kopf. Ihm war klar, dass Max nur deshalb so aus der Haut fahren musste, weil er es sonst noch weniger ausgehalten hätte, dass sein Vater ihn so einfach im Stich ließ. Herr Mitdenker wollte sich damit aber nicht abfinden und überlegte weiter, wie er Max helfen könnte. Da kam ihm eine Idee...

Aber bis dahin vergingen viele Wochen, endlose Wochen.

Eines Tages, als Max auf dem Nachhauseweg von der Schule ist und gerade einen Stein vor sich her schießt, hupt es laut neben ihm. Ein Taxi. Hat er wieder etwas verkehrt gemacht? Max streckt die Zunge Richtung Taxi raus und schießt den Stein mit dem Fuß hinterher. Da öffnet sich die Autotür. Ein blonder Haarschopf, ein lustiges Gesicht. Sein Vater! Er läuft auf Max zu und knufft ihn lachend in die Seite wie früher, als hätten sie sich eben erst verabschiedet: „Mein Lausejunge!" Max bleibt die Spucke weg. „F-f-fährst du jetzt Taxi?", stottert er.

bekam auch einen Pfeil in ihr dämliches Gesicht. So! Das tat irgendwie ganz gut. Dann zielte er noch auf seine Playmo-Figuren im Regal. „Ihr kriegt auch einen ab!" Jede einzelne Figur wurde abgeschossen. „So!" Dann pfefferte Max das Pfeilgewehr in die Ecke und lief aus dem Haus, um den letzten Rest Wut auf seinem BMX-Rad abzureagieren.

Susi baute inzwischen alles im Puppenhaus wieder auf. Es musste alles wieder seine Ordnung haben. Sie legte den kleinen Jungen und das Mädchen mit den Eltern in das breite Ehebett; so wie es früher war, als sie an den Wochenenden morgens immer zusammen gekuschelt hatten.

„Mama, wann zieht Papa wieder bei uns ein?", fragte sie. „Nie mehr, Susi." „Und wenn wir immer ganz brav sind?" „Auch dann leider nicht, denn mit euch hat das überhaupt nichts zu tun." „Und wenn *du* immer ganz nett zu ihm bist und dich nicht mehr mit ihm streitest?" „Susi, Papa kommt nicht wieder, ihr müsst euch endlich damit abfinden!" „Und warum besucht er uns nicht wenigstens?" „Weil ich ihn nicht sehen will." „Und warum können wir ihn nicht besuchen?" „Weil er keine Wohnung und keine Arbeit hat."

Da nahm Susi den Puppenvater aus dem Bett, ließ ihn zur Tür herausgehen, noch einmal winken und dann hinter der Ecke verschwinden.

Das spielte sie immer wieder, jeden Tag aufs Neue, als wolle sie es sich ganz deutlich einprägen, damit sie es glauben könnte.

Während Susi so auf ihre Weise Ordnung in das Puppenhaus und in ihr kleines Leben brachte, veranstaltete

Chaos im Puppenhaus

Im Puppenhaus saßen vier kleine Puppen einträchtig am Tisch. Sie hatten winzige Teller und Tassen vor sich, und eine süße, kleine Kaffeekanne stand in der Mitte. „Gleich gibt es Kuchen!" Susi ahmte die Stimme der Mutter nach. Dann brummte sie für den Puppenvater und piepste ganz hoch für die Kinder: „Mmh! Kuchen!" Boing! Da schlug ein Gummipfeil in dieses friedliche Familienleben ein. Die Puppen flogen durch die Luft und Teller, Gäbelchen, Kaffeekanne und Kuchen hinterher. Ein zweiter Pfeil fegte auch noch Tisch und Stühle aus dem Haus. Weinend beklagte sich Susi bei der Mutter. „Max hat mir schon wieder alles kaputtgemacht!"

Max hatte in letzter Zeit eine richtige Zerstörungswut. Auf alles Heile hatte er eine Wut. Denn seit Papa ausgezogen war, war bei ihnen alles kaputt, fand er. Alles! Susis Barbie-Puppe glotzte ihn auch so blöde an. Die

Da ging der Vater mit Jonas in einen Telefonladen und kaufte ihm ein eigenes Handy mit Karte – im Voraus zum Geburtstag. „Ein ideales Ding für Scheidungskinder", sagte der Vater strahlend und auch Jonas strahlte. „Nun sind wir immer in Kontakt, nur wir beide, ohne Telefonkrieg. Und damit wir der Mutter nicht ins Gehege kommen, treffen wir uns immer dann, wenn du sowieso im Tagesheim bist. Jutta wird das schon regeln."
Jonas hätte nie gedacht, dass er noch einmal so froh sein würde. Am ersten Abend nahm er sein Handy mit ins Bett. Da klingelte es. Ganz warm wurde Jonas ums Herz, als er die vertraute Stimme „Gute Nacht, mein Junge!" sagen hörte. „Gute Nacht!", flüsterte er. Morgen würde er es der Mutter erzählen. Sie würde dann sehen, dass er sich doch auf seinen Vater verlassen konnte. Und sicher würde er ihn dann irgendwann auch wieder besuchen können.

anstellen, mit ihm zu sprechen? Die Mutter wäre bestimmt nicht einverstanden, wenn er ihn anrief. Und vielleicht wollte sein Vater ihn ja gar nicht mehr sehen? Im Tagesheim gab es eine Erzieherin, Jutta, die er besonders mochte. Schon lange hatte sie sich Gedanken über ihn gemacht. Denn sie sah, dass der Junge, der vorher gern mit seinen Freunden gespielt hatte, nun immer gedankenverloren allein in einer Ecke saß. Nur noch Raumschiffe wollte er bauen. Sie hatte ihn schon mehrmals gefragt, ob sie ihm irgendwie helfen könne. Nie hatte er geantwortet, denn er konnte sich nicht vorstellen, dass jemand in der Lage wäre, ihm zu helfen. Nun war der Zeitpunkt gekommen. Er wollte sie fragen. Sie würde bestimmt mit seinem Vater reden. Sie würde dem Vater sagen, dass er ihn wiedersehen wollte.

Zwei Tage später um die Mittagszeit zwinkerte sie Jonas zu: „Dein Besuch ist da!" Jonas ging seinem Vater etwas verlegen entgegen. Doch als er sich von kräftigen Armen hochgehoben fühlte, ließ er sich mit Genuss kräftig drücken; und beim gemeinsamen Essen im Restaurant war es beinahe so vertraut wie früher. „Jonas, das war eine wunderbare Idee von dir, mich anrufen zu lassen. Ich hab' dich ganz schön vermisst. Aber beinahe hatte ich schon den Mut verloren. Hast du gemerkt, wie ich an dich gedacht habe?" Jonas überlegte. Dann dachte er an den Funkspruch, und er nickte. „Wir machen jetzt eben unser eigenes Treffprogramm", schlug der Vater vor. „Und wenn du wieder dauernd absagst?" Jonas war noch etwas misstrauisch trotz aller Freude.

Mit seinen Gedanken war Jonas jetzt oft weit weit weg – besonders in der Schule. Was der Lehrer erzählte, rauschte an seinen Ohren vorbei, es ging ihn überhaupt nichts an. Es war so unwichtig für ihn. Ganz andere Dinge waren wichtig. – Er glitt mit seinem Phantasie-Raumschiff durch ferne Sternenwelten – und wenn ihn jemand ansprach, dauerte es oft lange, bis er wieder im Klassenzimmer angekommen war. Manchmal schlief er sogar fast ein. Wenn man morgens um fünf Uhr aufstehen muss, vor und nach der Schule ins Tagesheim geht, Schularbeiten macht und danach mit der Mutter noch einkaufen muss, ist man eben müde. Es war ein anstrengendes Leben, anstrengend und traurig.

Das Einzige, was ihm im Moment half, war eben, seine Gedanken fliegen zu lassen. Immer länger brauchte Jonas für den Schulweg. Ganz allein ging er lange Umwege, um nicht so schnell von der lärmenden Schule ins Tagesheim zu gelangen. Sein Schritt war leicht, denn er flog mehr, als er ging. Sascha war dann in seinen Gedankenwelten unterwegs, weit, weit fort. Wenn er dann aber abends nach Hause ging, wurde sein leichter Schritt so schwer, als könne er ihn nicht weit tragen. Als Jonas einmal wieder, statt im Unterricht aufzupassen, in Gedanken am Steuer seines Raumschiffes saß, hörte er plötzlich ein Klingelsignal, und ein Funkspruch kam durch: „Jonas, bitte melden. Hier Papa!" Jonas war sofort hellwach. Es war in Wirklichkeit das Läuten der Pausenglocke gewesen, doch in Jonas drinnen hatte es sich in dieses Funksignal verwandelt und ihn aus seinen Träumen geweckt. Plötzlich war ihm klar, wie sehr er seinen Vater vermisste. Er wollte ihn endlich wiedersehen! Er brauchte ihn dringend! Doch wie sollte er es

fentlich war es nicht Papa! Dann würde die Kämpferei wieder los gehen. „Nein, einen Funkverstärker baue ich nicht ein", dachte er. „Ich will da oben gar nicht erreichbar sein."
Der Stimme seiner Mutter hörte er sofort an, dass seine Befürchtung eingetroffen war. Sein Vater wollte den Besuchstermin absagen. „Ich hab mich aber schon darauf eingestellt. Auf dich kann man sich wohl nie verlassen?!", schrie die Mutter in den Hörer. „Nein, am nächsten Wochenende kann Jonas nicht!" Peng, die Mutter knallte den Hörer auf. „Dieser Schuft!", schimpfte sie laut vor sich hin. Jonas blickte traurig auf sein Raumschiff. Dann brach er es langsam auseinander. „Ich geh sowieso nicht mehr hin", sagte er zur Mutter. Aber dabei liefen ihm dicke Tränen über die Backen. Die Mutter strich Jonas kurz über den Kopf. Sie war noch zu wütend, um ihn trösten zu können.

Mit Jonas' Entscheidung, den Vater nicht mehr zu besuchen, war die Mutter anscheinend zufrieden. Es kehrte Ruhe ein. Keine lauten Telefonate fanden mehr statt. Der Vater rief überhaupt nicht mehr an. Er hatte sich, so schien es, auch damit abgefunden. Jonas aber war das Herz schwer. Die Ruhe war ja ganz gut und dass Mutter jetzt zufrieden war, auch. Er hatte sich ja selber entschieden, den Vater nicht mehr zu sehen. Dennoch: ihm kam dieser Frieden falsch vor, so ruhig und leer wie der Vogelkäfig damals, als ihr Kanarienvogel gestorben war. Aber das sagte Jonas nicht. Er sprach gar nicht mehr von seinem Vater. „Es hat ja doch keinen Zweck", glaubte er. Und dann schien es so, als habe er ihn längst vergessen.

Ein Funkspruch von Papa

Jonas baute. Während er die Legobausteine geschickt ineinandersteckte und man schon erkennen konnte, dass ein Raumschiff entstand, stellte er sich vor, durch die Weiten des Weltalls zu fernen Galaxien zu fliegen, vorbei an fremden Himmelskörpern, weit, weit weg. Die Erde würde er als helle, kleine Kugel hinter sich lassen. Dann würde auch alles andere ganz klein zurückbleiben, auch der Kummer. Hier oben, wo die Luft ganz leicht und rein war, konnte er sich frei fühlen. Hier oben musste er nicht darüber nachgrübeln, ob Papa Recht hatte oder Mama. Und er brauchte sich überhaupt nicht anzustrengen, die beiden wieder zusammenzubringen. Hier oben im Weltall gab es keinen Eltern-Krieg.
Zisch!!! Die Rakete ließ das Raumschiff hochschnellen. Da klingelte das Telefon. Das Raumschiff ging wieder zu Boden. Fehlstart. Und Jonas stockte der Atem. Hof-

mal nicht genau wussten, ob das, was sie beim Vater erlebt hatten, die Mutter vielleicht ärgern könnte oder traurig machen würde. Wenn sie dem Vater etwas von ihrem Leben bei der Mutter erzählen wollten, mussten sie ebenso vorsichtig sein. Das war wirklich nicht einfach, wo sie doch früher immer sorglos alles ausgeplappert hatten. Aber die Stimmung wurde von jetzt an besser. Es lohnte sich. Papa hatte einfach nicht mehr so oft Grund, auf die Mutter zu schimpfen, und die Mutter ärgerte sich weniger über den Vater.
Ja, es war viel schöner seitdem.

Eines Tages holte Peter das Postspiel wieder aus der Ecke. „Ich habe mal wieder Lust, Post auszutragen", sagte er. „Vielleicht werde ich doch Postbote!" „Ich auch!", sagte Paul. „Ich finde, wir beide sind Spitze!" Und Rosine und Korinthe bellten zur Bestätigung.

mehr sehen wollte und dass die Mutter vielleicht nicht mehr für sie sorgen würde. Wenn Eltern so einfach auseinander gingen, konnte es ja sein, dass sie sich auch von ihren Kindern trennen. Gut, dass sie zu zweit waren, zu zweit hat man immer mehr Mut als alleine. Peter beantwortete ihre unausgesprochenen Fragen laut: „Wir müssen es riskieren." „Ja, wir müssen es riskieren!", fand auch Paul. Immerhin waren sie ja zu zweit, wenn man Rosine und Korinthe nicht dazurechnete.

Als die Mutter am nächsten Besuchstag oben auf die gepackte Reisetasche den Brief an den Vater legte, protestierten Peter und Paul heftig. „Nein! Wir tragen keine Briefe mehr aus!", ertönte es zweistimmig. Peter nahm den Brief und reichte ihn der Mutter: „Kannste mit der Post schicken!" Das verschlug der Mutter die Sprache. Sie schaute ihre beiden Jungen überrascht an. Die meinten es ernst, das sah man. Nachdenklich hielt sie den Brief in der Hand. „Ihr werdet ja richtig groß", sagte sie dann, und das hörte sich irgendwie respektvoll an.
Peter und Paul fuhren ohne den Brief zum Vater. Der schaute gleich misstrauisch in die Reisetasche. Kein Brief?! Es geschahen ja noch Zeichen und Wunder! Da brauchte er ja auch keinen Antwortbrief zu schreiben.
„Das haben wir ja gut hingekriegt!", flüsterte Peter dem Paul abends ins Ohr, als sie auf ihrer Matratze lagen. „Und wenn die Ausfragerei morgen anfängt, schweigen wir wie ein Grab, nicht?!", flüsterte Paul zurück.
Und auch das klappte bestens. Sie waren ein perfektes Team! Wenn einer sich verplappern wollte, stieß ihn der andere sofort an. Und dann kam nichts mehr über ihre Lippen. Das war schwer, besonders, wenn sie manch-

Wenn Peter und Paul mit Rosine und Korinthe zurückkamen, wurde es dann bei der Mutter noch viel ungemütlicher. Sie freute sich gar nicht über die Briefe, sondern wurde ganz böse und schimpfte auf den Vater. Viel verstanden sie nicht davon, nur dass es ihn einen feuchten Dreck angehe, ob Lothar zu Besuch käme oder nicht. Und dann folgte noch die Aushorcherei. Was sie gemacht hatten, was sie gegessen hatten, wann sie ins Bett gegangen waren, ob sie die Zähne geputzt hatten usw. Am Ende schimpfte die Mutter dann noch mehr und schrieb mit bitterböser Miene gleich wieder einen Brief, den sie dem Vater das nächste Mal mitnehmen sollten. Peter und Paul wurden dann immer ziemlich traurig, und Rosine und Korinthe zogen die Schwänze ein und verkrochen sich unter das Sofa.

„Ich werde doch kein Postbote!", verkündete Peter eines Tages. „Ich auch nicht!", bestätigte Paul. „Briefe-Austragen ist ganz doof!" Und das Postspiel flog in hohem Bogen in die Ecke.
Als sie beide am Abend in ihrem Etagen-Bett lagen, Peter oben, Paul unten, meinte Peter: „Wir tragen auch Mamas und Papas Briefe nicht mehr aus!" „Genau!", kam es von unten. „Und wir wollen auch keine Geheimagenten mehr sein!" „Du meinst, wir lassen uns nicht mehr ausfragen?"
„Genau! Und wir hören uns auch keine Geheimnisse mehr an! Und wenn wir uns Klebestreifen auf den Mund und auf die Ohren kleben müssen!"
Dann war Stille. Beide dachten das Gleiche, wie das bei Zwillingen so ist. Beide hatten Angst. Beide fürchteten sich davor, dass ihr Papa sie dann vielleicht gar nicht

leuchtete den Erwachsenen ein. „Ja, meistens freut man sich", sagten sie.

Nun passierte dem Peter und dem Paul eines Tages das, was leider viele Kinder erleben müssen: Ihre Eltern trennten sich und ließen sich scheiden. Der Vater wohnte in einem anderen Stadtteil und sie konnten ihn nur noch ab und zu besuchen.

Ihre Besuche beim Vater waren eigentlich immer lustig, jedenfalls am Anfang. Peter und Paul nahmen ihre beiden Hündchen Rosine und Korinthe mit. Die sprangen freudig an ihrem ehemaligen Herrchen hoch, Peter hängte sich an Vaters eine Seite, Paul an die andere, und der Vater trug sie beide mit Ächzen und Stöhnen und Lachen in die Wohnung. Rosine und Korinthe sprangen bellend hinterher. Es war auch schön, wenn sie mit ihrem Vater auf dem Spielplatz Fußball und Kriegen spielten. Manchmal gingen sie ins Kino oder auf den Jahrmarkt. Im Sommer fuhren sie manchmal auch Tretboot zusammen. Abends durften sie immer länger aufbleiben als bei ihrer Mutter. Weil sie nur so selten da waren. Aufzuräumen brauchten sie nie und auch das Zähneputzen vergaß der Vater meistens. Zum Essen gab es immer Pizza oder Nudeln oder Pommes frites. Ja, es war schön beim Vater.

Nur zum Schluss, wenn er anfing, sie auszufragen und wenn er ihnen den Brief für die Mutter mitgab, wurde es ungemütlich. Er murmelte dann so böse Sachen, und Peter und Paul verstanden gar nicht, warum er so ärgerlich war. Sie hatten doch nur von Lothar erzählt, der neulich Mama besucht hatte. Nein, zum Schluss wurde es immer sehr, sehr ungemütlich.

Vielleicht werde ich doch Postbote

Peter und Paul, die Zwillinge, spielten am liebsten Post. Sie hatten einen kleinen Postschalter mit einer Durchreiche und einem Briefkasten; auch eine Posttasche und eine blaue Briefträgermütze besaßen sie. Immer abwechselnd, ganz gerecht, war jeder von ihnen mal Postbote oder saß hinter dem Postschalter und frankierte Briefe, stempelte oder verkaufte Briefmarken. Das Briefe-Austragen aber war das Allerschönste. Die Mutter bekam dann einen, der Vater, die Tante und die Oma, wenn sie zu Besuch waren, und selbst die beiden Pinscher-Hündchen Rosine und Korinthe erhielten regelmäßig ihre Post.
„Ich werde später Postbote!", sagte Paul oft. „Ich auch!", versicherte Peter dann. „Warum?", fragten die Eltern und die Tante und die Oma, wenn sie gerade auf Besuch waren. „Weil sich alle Leute freuen, wenn der Postbote kommt", erklärten dann beide im Chor. Das

er vor sich hin. „Hoffentlich kann Sascha das auch glauben!"

Dann nahm er sich vor, am ersten Sonntag, wenn er in sein neues Zimmer gezogen sein würde, mit Sascha in den Hirschpark zu gehen. Dort würden sie Kastanien sammeln und Rehe füttern und den Enten und Pfauen zusehen. Im Sommer würden sie zusammen Boot fahren.

Vielleicht konnte er seinem Jungen ja seine Liebe auf andere Weise zeigen, ohne an ihm zu reißen.

Und eines Tages würde er ihm auch die Geschichte vom Kreidekreis erzählen.

Vater sich gar nicht konzentrieren, weil er mit seinen traurigen und wütenden Trennungsgedanken beschäftigt war. Aber plötzlich schaute er immer gespannter auf die Bühne. Was er da sah, war ja seine Geschichte! Zwei Frauen stritten sich um ein kleines Kind. Beide behaupteten, die wirkliche Mutter zu sein, keine wollte nachgeben...

„Das ist wie bei uns!", dachte der Vater, er selbst meinte ja auch, besser für Sascha sorgen zu können, und Saschas Mutter war ebenfalls fest davon überzeugt, nur bei ihr sei Sascha richtig aufgehoben... Gespannt folgte er dem Geschehen auf der Bühne weiter:

Die beiden Frauen kamen schließlich vor den Richter. Der war ein weiser, alter Mann. Mit Kreide ließ er jetzt einen Kreis auf den Fußboden malen und das Kind mitten hineinstellen. „Nun kann jede von euch versuchen", sprach der Richter, „das Kind aus dem Kreis zu sich zu ziehen! Es wird sich zeigen, wer die wahre Mutter ist."

Jede Frau ergriff ein Ärmchen des Kindes und begann daran zu ziehen...

Saschas Vater saß angespannt auf seinem Platz.

Da begann das Kind zu schreien. Sofort ließ die eine der Frauen seinen Arm los.

Saschas Vater atmete auf.

Nun sprach der weise Richter sein Urteil: „Du bist die wahre Mutter, denn du willst nicht, dass dein Kind zerrissen wird", sprach er zu der Frau, die das Kind losgelassen hatte. Und sie nahm glücklich ihr Kind auf den Arm. Es war sofort still.

Nachdenklich ging der Vater heim. „Ich bin also ein guter Vater, wenn ich nicht an Sascha zerre", murmelte

Seine Eltern machten beide mit, und niemand merkte ihnen irgendetwas an.

Am Abend, als Sascha schon beinahe eingeschlafen war, den neuen Roller direkt neben sich am Bett, hörte er heftige Stimmen aus dem Wohnzimmer. Erst glaubte er, es sei ein Fernsehfilm. Als er sich hingeschlichen hatte, wurde ihm klar, dass es seine Eltern waren. „Der Junge bleibt bei mir nach der Trennung!", schrie die Mutter. „Nein, ich nehme ihn, der Junge braucht den Vater! Ich werde ihn fragen! Bestimmt will er zu mir."

Sascha fühlte sich wie gelähmt. Er wollte das nicht hören! Trotzdem hörte er weiter diesen bösen, harten Stimmen zu, denn er musste ja wissen, was auf ihn zukam. Sascha konnte nicht denken. Er wollte auch nicht denken; nicht darüber nachdenken, bei wem er lieber sein wollte, nur bei Papa oder nur bei Mama. Beides war undenkbar. Er hatte doch beide lieb. Mit einem Mal war alles, worauf er sich verlassen hatte, ins Wanken geraten, und alles woran er geglaubt hatte, ohne je darüber nachzudenken, nämlich eine Familie zu haben, war unsicher geworden. Ausgerechnet an seinem Geburtstag!

Sascha fühlte sich sehr allein, heulte ein bisschen in seinem einsamen Bett und lag noch lange wach. Über nichts konnte er sich mehr freuen, nicht einmal über den neuen Roller. Und Angst hatte er, große Angst.

Auch in den nächsten Tagen konnte er an nichts anderes mehr denken. Was würde aus ihm werden? Er fühlte sich, als sei er wieder ganz klein und hilflos. Abends wollte er nicht mehr allein zu Hause sein. So blieb die Mutter bei ihm, während der Vater ins Theater ging.

Das Stück hieß: „Der Kreidekreis". Erst konnte der

Die Geschichte vom Kreidekreis

Ausgerechnet an seinem Geburtstag passierte es, das Schlimmste, was Sascha sich überhaupt vorstellen konnte. An diesem Tag, auf den er sich so gefreut hatte, schien erst alles so schön zu werden. Er hatte den langersehnten, silbern glänzenden Kickroller bekommen. Die Sonne schien, und er war gleich mit dem Roller unten im Hof herumgeflitzt. Aber schon, als er zurückkam, spürte er so etwas Eisiges in der Luft. An den Gesichtern seiner Eltern sah er, dass sie sich wieder einmal gestritten hatten. Da fuhr er im Zimmer mit dem Roller herum und kreischte laut dabei. Das würde sie ablenken. Und richtig: beide begannen jetzt mit ihm zu schimpfen. Das eisige Schweigen war gebrochen. Immerhin.

Während seiner Kinderparty vergass Sascha alles Unangenehme. Er packte Geschenke aus, alle aßen und tranken, und eine Menge lustige Spiele wurden gespielt.

men und eine brennende Kerze. Julia ging an der Hand der Mutter ganz nah zur Großmutter. Sie sah aus, als schlafe sie. „Sie lächelt!", flüsterte Julia, um die große Stille nicht zu stören. „Ja, es geht ihr, glaube ich, jetzt gut", sagte die Mutter und konnte jetzt auch lächeln.
„Ich bin froh, dass ich sie noch gesehen habe! Jetzt kann ich es eher glauben", sagte Julia. Dabei kullerten ein paar Tränen die Wangen hinunter.

Es war die erste Beerdigung, die Julia erlebte. Es regnete. In diesem Holzsarg lag nun ihre liebe Großmutter. Die Eltern und alle die schwarzgekleideten Leute warfen Erde und Blumen auf den Sarg, der in einer tiefen Grube stand. Der Pfarrer sprach etwas, was Julia nicht verstand. Sorgsam legte sie ihr Kränzchen aus Butterblumen an den Rand. Es sollte nicht in der Grube sein. Dann sah sie sich das Rotkehlchen an, das am Rande des Grabes saß und zuzuschauen schien. Ob die Großmutter jetzt auch fliegen konnte? Bestimmt konnte sie fliegen. Julia nahm sich vor, am Abend die Großmutter hinter den Sternen danach zu fragen. Sie würde bestimmt wieder ein Wort für sie wissen. Wie am Telefon. Nur würde die Antwort jetzt nicht von außen zu ihr kommen, sondern von innen.

erklärte ihr, dass nur der Körper der Großmutter gestorben sei, ihre Seele, ihre Gedanken seien immer noch lebendig.

„Das nützt mir gar nichts!", schluchzte Julia, „gar nichts!"

Am Abend konnte Julia nicht einschlafen. Immer wieder stellte sie sich vor, wo die Seele der Großmutter jetzt wohl war. Sie konnte nicht ganz fort sein! Julia ging zum Fenster. Sie blickte hinauf zum Sternenhimmel, und plötzlich hörte sie in sich drinnen Großmutters Stimme: „Da ist es heller als tausend Sonnen, und doch ist man nicht geblendet." Klar, dort war die Großmutter! Julia war sich ganz sicher. Und weil sie wusste, wo sie sie finden konnte, kam ihr die Entfernung auf einmal nicht mehr ganz so riesig vor. Vielleicht konnte sie ja immer noch mit ihr sprechen, so ähnlich wie am Telefon. Eben hatte sie ja auch ihre Stimme gehört. Ein wenig getröstet schlief Julia ein.

Am Morgen dachte sie zuallererst an die Großmutter. Wieder hatte sie große Schwierigkeiten, zu glauben, dass sie tot war, ihre gemütliche, kuschelige liebe Oma! Vielleicht hatte sie ja alles nur geträumt? Aber als sie ihre Mutter blass und traurig am Frühstückstisch sah, in einem schwarzen Kleid, und der Vater so ungewöhnlich ernst guckte, wusste sie, dass es stimmte.

„Kann ich Oma wenigstens noch einmal sehen?", bat sie. Die Eltern sahen sich fragend an. „Warum eigentlich nicht", entschied dann die Mutter. „Sie sieht so schön und friedlich aus."

Die Großmutter lag in ihrem Bett. Ihre Hände waren gefaltet. Neben ihr sah Julia einen Strauß weißer Blu-

Die Tage, an denen Julia bei der Großmutter sein durfte, waren immer ihre allerliebsten. Es war dort so gemütlich mit der alten Hängelampe und dem großen Küchentisch. Die Großmutter roch immer so gut – wie Apfelkuchen oder Vanillesauce. Sie hatte viel Zeit für Julia. Geduldig versuchte sie jede ihrer unzähligen Fragen zu beantworten, und wenn es sein musste, spielte sie fünfmal hintereinander das gleiche Spiel mit ihr, auch wenn sie dabei dauernd verlor.
Manchmal telefonierten sie zusammen, besonders, wenn Julia mal Kummer hatte. Großmutter wusste garantiert immer ein Wort, das sie tröstete.

Als Julia eines Tages aus der Schule kam, merkte sie gleich, dass etwas nicht stimmte. Die Mutter sah irgendwie komisch aus. Ihr Gesicht war geschwollen und rot. Sie blickte auch anders. „Bist du krank?", fragte Julia. Da nahm die Mutter Julia auf ihren Schoß. „Marie, ich muss dir etwas sehr Trauriges sagen: Die Großmutter ist heute plötzlich gestorben." Marie wollte es nicht glauben. Gestern hatte sie doch noch mit ihr telefoniert. Sie hatten gelacht. Sie war überhaupt nicht krank gewesen. Sie hatte sogar noch Kuchen gebacken. Sie konnte nicht tot sein. Es konnte einfach nicht sein! Nie mehr sollte sie mit der Großmutter spielen, nie mehr die Sterne anschauen, nie mehr mit ihr Kakao trinken?! Nie mehr würde sie sie trösten, wenn sie sich mit ihrer Freundin verkracht oder eine schlechte Arbeit geschrieben hatte? Julia hatte doch noch so viel, was sie sie fragen wollte!
Sie legte ihren Kopf auf die Schulter ihrer Mutter und weinte. Und die Mutter versuchte sie zu trösten und

Heller als tausend Sonnen

„Erklär mir die Sterne!", bat Julia ihre Großmutter, und beide reckten sie ihre Hälse und fanden die Milchstraße, den kleinen Wagen und den großen Bären, den Orion und unendlich viele andere hellglitzernde Sterne, von denen auch die Großmutter nicht wusste, welche Namen sie hatten. „Eigentlich", sagte Julia, „sieht der Himmel aus wie eine große, dunkle Decke, und die Sterne sind die Löcher." „Ja, das stimmt." Die Großmutter lächelte. „Und durch die Sternen-Löcher kann man ein bisschen in den wirklichen Himmel sehen. Da ist es heller als tausend Sonnen, und doch ist man nicht geblendet."
Julia nickte und gähnte und fror ein wenig. Sie wärmten sich mit einem wunderbaren Kakao. Dann gingen sie schlafen.

so viel Zeit gehabt. Vor allem aber war es darum so schön, weil er nicht immer Angst haben musste, dass die Eltern sich gleich wieder streiten würden.

Als Moritz am Abend auf seiner Matratze lag und der Vater ihm gute Nacht gesagt hatte, war ihm aber doch ein wenig mulmig zumute. Er drückte seinen Bären fest an sich und sagte ihm tapfer ins Ohr: „Papa sagt, man gewöhnt sich an alles, und im Papaland ist es eigentlich auch sehr schön, nicht?" „Mmh", brummte der Bär.

„Dann eben gar nicht!" schrie die Mutter, zog Moritz in den Flur und schlug dem Vater die Tür vor der Nase zu. Der Vater pochte und klingelte erst, dann lief er schimpfend die Treppe hinunter. Und Moritz saß auf seinem gepackten Rucksack und fühlte sich sehr sehr unglücklich.
Als der größte Zorn bei der Mutter verraucht war und sie ihren Jungen immer noch so traurig dasitzen sah – mit seinem Bären im Arm, tat er ihr leid. Sie nahm ihn an der Hand und zeigte ihm den Weg zur Eulenstraße Nr. 3. Sie erklärte ihm, welchen Klingelknopf er drücken musste, gab ihm einen Kuss und sagte: „Ich warte, bis du oben angekommen bist." Da summte der Türöffner, und Moritz rannte die Treppe hinauf.

Der Vater strahlte, nahm ihn samt Rucksack und Bären auf den Arm und drehte sich mit ihm ein paarmal im Kreise. „Herzlich willkommen im Papaland!", rief er.
Moritz gefiel es in Papas neuer Wohnung gut. Der Vater hatte ihm eine eigene Ecke in seinem Schlafzimmer eingerichtet. Da war eine Matratze für ihn mit bunten Kissen und einer kuscheligen Decke. Ein paar neue Autos hatte der Vater gekauft und ein Kinderbuch. Sogar an Buntstifte hatte er gedacht. „Wenn du willst, gehen wir morgen einkaufen und du richtest dir deine Ecke selber ein. Du kannst dir ein Poster aussuchen und eine Lampe und ein paar Spiele."
Der erste Nachmittag in Vaters Wohnung war für Moritz ein schönes Erlebnis. Ein bisschen wegen der Spielsachen und weil der Vater mit ihm lange im Park Ball spielte und weil er länger aufbleiben durfte als sonst. Moritz kam es so vor, als habe der Vater noch nie

Hand in seiner. „Bestimmt träume ich", dachte er und hatte keine Lust, die Augen aufzumachen, damit der Traum nicht verschwand. Da hörte er den Nachbarhund bellen und die Mutter in der Küche scheppern. Also saß Papa in Wirklichkeit an seinem Bett. Moritz plinkerte mit einem Auge. „Was für 'ne Säge soll ich denn eigentlich anhalten?", fragte der Vater und plinkerte zurück. „Die, die alles bei uns kaputtmacht."
Moritz erzählte dem Vater seinen Traum. Der Vater verstand zwar nicht viel von Träumen, aber er reimte sich so einiges zusammen. Er begann, dem Moritz, so gut er konnte, alle Fragen, die ausgesprochenen und die im Munde steckengebliebenen, zu beantworten. „Nicht dass du denkst, die Sache mit dem Wackelpudding sei schuld. Das habe ich sowieso alles nur aus Trotz gesagt." „Wirklich nicht?" Moritz atmete erleichtert auf. Der Vater nickte ihm beruhigend zu. „In Wirklichkeit gibt es viel wichtigere Dinge, über die Mama und ich uns nicht einig sind. Sie hat vielleicht auf ihre Weise recht und ich auf meine. Darum trennen wir uns. Du hast überhaupt keine Schuld. Und du musst mir glauben, dass ich dich sehr lieb habe und immer für dich sorgen will. Übrigens: Ich wohne jetzt in der Eulenstraße. Das ist ganz in der Nähe. Und wenn du gesund bist, kannst du mich besuchen."

Aber so einfach war das gar nicht mit dem Besuchen. Erst fuhr der Vater auf Dienstreise, und als er zurückkam, passte es der Mutter nicht. Als endlich alles passte und Moritz mit gepacktem Rucksack und Schlafbären erwartungsvoll an der Tür stand, gerieten die Eltern wieder in einen heftigen Streit. Es ging ums Abholen.

war ausgezogen und hatte ihm nicht mal Auf Wiedersehen gesagt!
Moritz machte sich seine Gedanken. Auf irgendeine Weise fühlte er sich schuldig, denn sie hatten sich ja seinetwegen gestritten. Nur weil er diesen Wackelpudding so gerne aß, würden sie sich jetzt scheiden lassen, dachte er. – Das stimmt aber gar nicht. Es gibt keine Eltern, die sich wegen eines Wackelpuddings trennen. Vorher geschieht noch eine Menge von anderem blöden Erwachsenenkram. Aber das konnte Moritz noch nicht wissen, und es gab niemanden, der es ihm erklärte. –
Es wurde Mittwoch, es wurde Donnerstag und immer noch machte sich Moritz große Sorgen um seinen Vater, um seine Mutter und um sich selbst. Wo war Papa bloß?! Ob er jetzt auf einer Bank schlafen musste wie die Bettler am Hauptbahnhof? Aber nein, dann hätte er seinen Bademantel nicht mitgenommen, tröstete er sich. Wer würde der Mutter jetzt Geld zum Einkaufen geben? Würde er Papa nie mehr wiedersehen? Einmal fragte er seine Mutter. Da schrie sie ihn an: „Hör auf! Ich will nichts mehr von deinem Vater hören!"
Da gab er das Fragen auf. Stattdessen wurde er krank. Im Bett war ihm sehr heiß. In seinem Kopf dröhnte es wie auf einer Baustelle. Eine riesengroße Säge schwebte über ihm. Sie senkte sich auf ihre Wohnung herab und sägte sie kreischend mitten entzwei, sägte mitten durch das Kinderzimmer und durch den Esstisch, halbierte sogar die Badewanne und den Fernseher. „Halt die Säge an, Papa!", schrie Moritz. „Halt!"
Seine Mutter murmelte ihm beruhigende Worte zu. Moritz hörte sie nur von ganz ferne. Dann schlief er ein. Als Moritz aufwachte, fühlte er eine große, warme

brüllte zurück: „Wie du alles übertreiben musst, als ob das so schlimm wäre! Dann wäre Wackelpudding ja längst verboten. Außerdem hab ich ja auch noch mitzubestimmen, was mein Kind isst oder nicht, du dämliche Gesundheitsziege!"
Jetzt wurde es brenzlig, und Moritz verzog sich in sein Zimmer. Er sah gerade noch, wie die Mutter auf den Vater losging. Dann hielt er sich die Ohren zu. Er kannte das, und er hasste es. Bei solchen Streitereien fühlte er sich hilflos und bekam große Angst.
Die Haustür schlug laut zu. Das drang bis in seine zugehaltenen Ohren. In der Küche schluchzte die Mutter. Moritz traute sich nicht hinzugehen. Was hätte er ihr schon sagen können?! Er brauchte ja selber Trost. Er versuchte mit seinen Autos zu spielen und seine Eisenbahn aufzubauen. Aber es gelang ihm nicht. Zu viele Fragen gingen ihm im Kopf herum. Er ahnte, dass da etwas Schlimmes auf ihn zukam.
Als er kein Schluchzen mehr hörte, schlich er leise in die Küche. Die Mutter saß am Tisch und starrte vor sich hin. Sie sah ihn überhaupt nicht. Mechanisch machte sie dann das Abendbrot und schickte ihn ins Bett. Moritz trödelte noch eine Weile herum. Eigentlich wollte er vieles fragen, zum Beispiel wo Papa jetzt war, doch die Mutter hatte eine unsichtbare Mauer um sich herum, die er nicht durchbrechen konnte. Im Bett lag er noch lange auf der Lauer, ob der Vater wiederkäme, umsonst. Dann schlief er endlich ein.
Beim Frühstück war der Vater immer noch nicht da, und auch nicht beim Mittagessen. Als Moritz vom Spielen heimkam, hing Papas Morgenmantel nicht mehr am Haken, und sein Kleiderschrank stand offen, leer! Papa

Es lag nicht am Wackelpudding

Moritz liebte Wackelpudding, besonders den giftgrünen. Den hätte er jeden Tag mehrmals essen können, durfte er nur nicht. „Zu ungesund", fand seine Mutter.
Eines Abends kam sein Vater aber mit einem großen Becher giftgrünem Wackelpudding nach Hause. „Für dich, Moritz, hab' ich dir mitgebracht!" Moritz strahlte. Aber nicht mehr lange. Denn dieser Wackelpudding brachte den ganzen Hausfrieden so ins Wanken, dass nicht nur der Pudding sondern alle Wände wackelten.
Die Mutter nämlich riss Moritz den Becher aus der Hand, schleuderte ihn in hohem Bogen in den Mülleimer und schrie: „Dieses miese, ungesunde Zeug willst du also deinem Kind anbieten! Hautausschläge kann er davon kriegen, Asthma und Schlimmeres! Da sieht man mal, wie wenig Gedanken du dir machst!" Der Vater schritt erbost zum Mülleimer, fischte den Wackelpuddingbecher mit spitzen Fingern wieder heraus und

wurde ihr plötzlich klar, dass es eigentlich gar nicht so wichtig war. Das mit dem Petzen war das Wichtigste gewesen. Das Wichtigste war nämlich, dass sie sich wieder auf jemanden verlassen konnte. Ihr fiel ein, wie Bernd neulich einen Abend bei ihnen geblieben war, als die Mutter an einem Kurs teilnahm. Endlich brauchte sie nicht mehr immer auf Annika aufzupassen! Und sie musste sich selber eingestehen, dass Bernd eigentlich nett war und verlässlich und kein Petzer. Jule brauchte keinen Test mehr mit ihm zu machen.

„Schade!" Franziska war enttäuscht. „Es war gerade so spannend!" Dann fügte sie leise hinzu: „Weißt du eigentlich, wie ich dich beneide?"

Abends bemerkte Bernd, dass Jule sich zum ersten Mal neben ihn setzte, als er Gitarre spielte. Er und Jules Mutter lächelten sich erleichtert zu. Dann sangen sie alle vier zusammen ein lustiges Lied.

Am Nachmittag ergab sich eine ideale Gelegenheit. Die Mutter brachte Annika gerade zum Turnen, Bernd saß am Schreibtisch im Wohnzimmer und schrieb an einem Brief. Jule stellte sich neben ihn und drückte in Windeseile eine ganze Tintenpatrone über seinem Brief aus. „He, du kleines Biest!" Bernd schoss hoch und packte sie am Arm. „Du, ich kann ja verstehen, dass du lieber deinen Papa hier hättest als mich, und ich erwarte auch gar nicht, dass du mich liebst, aber das hier geht zu weit!" Er zwang Jule, die Tinte aufzulöschen, den verschmierten Brief in den Müll zu bringen und ihm ein neues Blatt zu holen. Wortlos mit gerümpfter Nase tat sie das alles. Dann sagte Bernd noch: „Es braucht einfach Zeit. Aber irgendwann werden auch wir beide uns anfreunden. Ich bin Optimist." Dabei lächelte er sie freundlich an. Das sah sie noch aus den Augenwinkeln, und weg war sie.

Die Mutter kam zurück. Jule lauschte gespannt oben an der Treppe. Würde er nun petzen oder nicht? Sie wusste nicht so recht, was sie eigentlich erwartete. Sie fühlte sich wie halbiert. Die eine Hälfte von ihr wollte, dass er sich als petzendes Scheusal entlarvte. Die andere Hälfte aber wünschte sich, dass er zu ihr hielt und dass sie sich auf ihn verlassen konnte.

Bernd bestand den Test. Er petzte nicht. Eine Hälfte von Jule ärgerte sich, und eine Hälfte freute sich ganz leise.

„Jetzt kommt Test Nummer zwei", kündigte Franziska am nächsten Tag an. „Wir werden testen, ob dieser Bernd im praktischen Leben zu gebrauchen ist. Was sollte ein Vater können?" „Fahrrad reparieren – bei Mathe helfen – mit Lehrern reden – vorlesen…" Jule zählte das alles zwar auf, aber während sie sprach, lachen (er war nämlich wirklich witzig) und die Süßigkeiten zurückzuweisen. Jule wollte ihn einfach nicht nett finden.

Bei Annika hatte Bernd es einfacher. Die konnte Süßigkeiten einfach nicht widerstehen und war begeistert, wenn er sie und ihre Mutter zum Spielplatz begleitete und mit ihr herumtobte.

Jule telefonierte jetzt oft mit ihrem Vater. Sie hatte ihn angefleht, zurückzukommen und diesem blöden Bernd nicht das Feld zu überlassen. Doch im Tiefsten wusste sie, dass es aussichtslos war, denn der Vater lebte ja in Frankreich und hatte schon lange eine neue Frau. Trotzdem tröstete es sie, seine Stimme zu hören, wenn er auch keinen hilfreichen Tipp für sie hatte.

Aber Franziska hatte einen Tipp, Jules Freundin Franziska mit der Stiefvater-Erfahrung. Es waren inzwischen einige Wochen vergangen. „Ich finde, wir sollten einen Test machen, mal sehen, was der so als Stiefvater taugt." Bei dem Wort Stiefvater wollte Jule gleich protestieren. Aber zu ihrer eigenen Überraschung schob sie diesen Gedanken gar nicht mehr ganz so weit von sich weg. Ob es daran lag, dass es lustiger war, seit Bernd immer öfter zu ihnen kam (wenn sie auch immer noch nicht über seine Witze lachte), oder daran, dass Mama neuerdings viel besserer Laune war? Oder lag es an seiner Gitarre, zu der er manchmal lustige und manchmal traurige Lieder sang?

„Gut, wie geht der Test?" Jule war gespannt. „Erstmal testen wir, ob er petzt", ordnete Franziska an. „Du machst was Schlimmes, wenn du mit ihm alleine bist und wartest ab, was passiert."

Jule verbrachte also den heiß ersehnten Samstagnachmittag in der miesesten Stimmung, die man sich nur denken kann in ihrem Bett, obwohl sie gar nicht krank war. Jule hatte keinen Schnupfen, keinen Husten, kein Fieber, keine Kopfschmerzen. Aber innendrin fühlte sie sich krank, innendrin tat es weh. Sie hatte Heimweh nach Papa. Er sollte jetzt wieder bei ihr sein und ihr etwas vorlesen wie früher. Sie sehnte sich danach, eine richtige Familie zu haben ohne fremde Bernds. Da schlief sie am hellichten Tage ein. So erschöpft war sie von dem Schreck und dem Weinen.

Als sie aufwachte, war es stockdunkel. Ihre Mutter saß an ihrem Bett und fühlte ihre Stirn. „Fieber hast du jedenfalls nicht", sagte sie leise. „Schade, dass du nicht dabei warst!" Da fiel Jule alles wieder ein, und sie zog sich gleich wieder die Decke über den Kopf. Nur dumpf hörte sie, wie die Mutter versuchte, sie zu trösten und ihr zu sagen, wie lieb sie sie habe. Das war schön. Aber sie bekam auch mit – trotz der dicken Decke – dass die Mutter nicht gewillt war, ihren Bernd ihretwegen aufzugeben. Da drehte sie der Mutter den Rücken zu und stellte sich schlafend.

Wenn Jule etwas wollte oder nicht wollte, konnte sie sehr hartnäckig sein. Immer, wenn Bernd die Mutter nun besuchen kam, und das tat er immer häufiger, verließ Jule entweder stolz erhobenen Hauptes die Wohnung oder sah einfach durch ihn hindurch. Weder durch nette Mitbringsel noch durch interessierte Fragen oder kleine Witze konnte er sie für sich gewinnen. „Bestechen lasse ich mich nicht!", dachte sie, obgleich manchmal einige Selbstbeherrschung nötig war, um nicht zu gen", fügte die Mutter hinzu. Aber Jule bemerkte eine ganz kleine Unsicherheit in ihrer Stimme und in ihren Bewegungen. „Nein! Der soll nicht kommen! Ich will mit dir und Annika Memory spielen! Und ich finde ihn ganz bestimmt nicht nett! Und du brauchst gar keinen Freund. Du hast ja uns!" Jule schrie so laut, dass ihre Schwester angerannt kam. Was die Mutter nun sagte, drang gar nicht mehr bis zu Jule. Sie schluchzte laut, stieß Annika, die von alledem rein gar nichts verstand, zur Seite, rannte nach oben in ihr Zimmer und ließ sich auf ihr Bett fallen.

Da klingelte es.

Zwischen ihren langen, enttäuschten Schluchzern hörte Jule fröhliche Stimmen und Gelächter. Alle schienen sich gut zu amüsieren. Jule hörte auch die Stimme von diesem Bernd. Da musste sie noch mehr weinen, weil sie an ihren Vater dachte. *Der* sollte hier sein, nicht so ein fremder Mann! Jule zog sich die Bettdecke über ihren Kopf. Nichts mehr hören und sehen wollte sie. Wie konnte die Mutter den einfach einladen! Und sie hatte sie noch nicht mal darauf vorbereitet! Sie, Jule, war ihr wohl völlig egal! Womöglich wollte der noch bei ihnen einziehen und ihr die Mutter für immer wegschnappen! Bestimmt würde er sich dann noch als Vater aufspielen und an ihr herumerziehen wie der Stiefvater ihrer Freundin Franziska. Nein, nein, nein! Ohne sie! Eher ginge sie ins Internat.

Da kam Annika und bat sie, herunterzukommen. Der Mann sei nett, er habe ihnen ganz viel Lakritzkonfekt mitgebracht. „Mag ich sowieso nicht! Ich komme nie, niemals. Das kannst du denen sagen!"

Der Test

Diesen Tag vergaß Jule nie. Sie vergaß ihn ihr ganzes Leben lang nicht, obgleich sie ihn zuerst am liebsten mit Tintenkillern, Radiergummis, Computer-Löschtasten, Scheuerpulver oder Ähnlichem aus ihrem Leben getilgt hätte, wenn so etwas möglich wäre.

Es war ein Samstag. Jule hatte es sich am Nachmittag gerade in der Sofaecke gemütlich gemacht und überlegte, welches Spiel sie ihrer Mutter vorschlagen sollte. So guter Laune war sie an diesem freien Tag, dass sie sogar ihre kleine Schwester Annika mitspielen lassen wollte. „Es käme Hütchenspiel, Mensch ärgere dich nicht oder Memory in Frage", dachte sie gerade.

Da geschah es. Ihre Mutter sagte es ganz leichthin, ganz locker, als sei es das Selbstverständlichste von der Welt: „Übrigens, gleich kommt Bernd, mein neuer Freund."

Dabei hantierte sie am Schrank herum. So konnte sie nicht Jules weit offenen Mund sehen und das Entsetzen in ihrem Gesicht. „Er ist sehr nett, ihr werdet ihn mö-

Liebe Kinder

In diesen Geschichten erzähle ich euch von Jungen und Mädchen, deren Leben sich plötzlich sehr verändert. Alle müssen sich nämlich von jemandem trennen, den sie sehr gerne haben. Vielleicht habt ihr so etwas selber gerade erfahren müssen oder bei Freunden, Klassenkameraden oder Verwandten miterlebt. Dann wisst ihr, wie traurig es ist. Und ihr wisst auch, wie sehr Kinder gerade in solchen Zeiten ihre Eltern brauchen. Leider sind Mutter und Vater oft sehr mit sich selbst beschäftigt. Aber es gibt auch Lehrer, Erzieher und Berater, die Kinder unterstützen können. Es könnte jedenfalls nicht schaden, wenn ihr eure Erwachsenen auch ab und zu mal in diesem Buch lesen lasst!…
Ich erzähle euch die Geschichten ein bisschen zum Trost: Ihr seid nicht allein – fast alle Kinder, die ich kenne, deren Eltern sich getrennt haben, die einen Menschen oder ein Tier durch Tod verloren haben oder deren beste Freunde fortgezogen sind, haben sich schließlich von diesem Schmerz erholt. Das Leben wurde für sie wieder fröhlich. Ich bin sicher, die unter euch, die noch mittendrin stecken im Trennen, werden auch wieder vergnügt – wenn es auch ein Weilchen dauert, bis Wunden heilen.

Die vorliegenden Geschichten greifen jeweils eine Facette des sehr komplexen Themas „Trennung und Verlust" auf. Sicherlich kann man mit ihnen kein Kind vor dem Schmerz bewahren, der mit jedem Abschied verbunden ist. Doch sie können eine Stimmung von Hoffnung erzeugen, sie können Kindern helfen, Verständnis und Worte für ihre widerstreitenden Gefühle zu finden und sich mit ihnen nicht so allein zu fühlen.

Wenn Eltern, Therapeuten und Pädagogen in solchen Krisenzeiten Kindern Geschichten dieser Art vorlesen und mit ihnen darüber sprechen, kann das ein kleiner Schritt in die richtige Richtung sein: In einer ruhigen Atmosphäre der Gemeinsamkeit und Geborgenheit entsteht Raum für Fragen, die das Kind beschäftigen (unbegründete Schuldgefühle, Zukunftsängste u.a.), und für entlastende Antworten. Denn, so klein ein Kind auch ist, es braucht rechtzeitige Aufklärung über alles, von dem es selbst unmittelbar betroffen ist. Das gilt für den Tod, einen Umzug, die Umsiedlung ebenso wie für die Scheidung der Eltern. Das Kind kann dann auch in schwierigen Lebenslagen Vertrauen entwickeln.

Die Pariser Kinderpsychiaterin und Psychonalytikerin Caroline Eliacheff beschreibt in ihrem Buch „Das Kind, das eine Katze sein wollte" (siehe Literaturliste auf Seite 93), wie sogar Säuglinge, die schwerkrank in einem Säuglingsheim leben, sich „entschließen" können, wieder gesund zu werden, nachdem man ihnen sorgfältig „erklärt" hat, was vorher mit ihnen geschehen ist und warum sie nicht mehr bei ihren Eltern sein können.

Also, unterschätzen wir die Kinder nicht!

Dr. Erika Meyer-Glitza

Da können erfahrene Berater und auch gute Fachliteratur sehr hilfreich sein. Im Allgemeinen lösen Trennung und Scheidung in einer Familie jedoch einen langen Prozess aus, und es braucht seine Zeit, bis sich alle Beteiligten mit der neuen Situation einigermaßen arrangiert haben.

Trennungsberatung (siehe Seite 95) kann übrigens nicht nur Eltern, sondern auch Kinder stark entlasten. Kinder fühlen sich für ihre Eltern meist mehr verantwortlich, als wir denken, und sind erleichtert, diese Aufgabe abgeben zu können.

Von den vielen Ratschlägen, die in Trennung befindliche Eltern zu hören bekommen, halte ich zwei für besonders wesentlich: zum einen, dass die Kinder rechtzeitig von beiden Eltern gemeinsam über den Beschluss zur Trennung informiert werden; zum anderen, dass die Eltern wirklich alles tun, um den Kontakt nicht abreißen zu lassen, so groß der Wunsch nach Abstand verständlicherweise oft ist. Sicherlich gibt es hier auch Ausnahmen.

Der Verlust der Heimat und der Tod eines geliebten Menschen ist ein Einschnitt, den Kinder im Allgemeinen mit ihrer ganzen Familie betrauern können. Die Kinder sind in ihrer Trauer meist nicht so allein wie bei einer Trennung der Eltern. Das kann bei allem Schmerz in gewisser Weise eine Erleichterung sein.

Da Kinder sehr empfänglich für Rituale sind, ist es wichtig, sie in Trauerzeremonien einzubeziehen, sie sollten ihre toten Haustiere begraben dürfen, und durch Fotos und Geschichten sollte das Andenken an Heimat, verstorbene und getrennte Familienmitglieder bewahrt werden.

An die Erwachsenen

Trennung und Scheidung, Tod und Verluste sind Themen, die zunächst bei jedem Menschen ein ungutes Gefühl hervorrufen. Auch in der Beratungsarbeit gehören Trennungsgespräche zu den schwierigsten. Selten ist solch eine Ansammlung von unterschiedlichsten Gefühlen vorhanden: Verletzung, Enttäuschung, Trauer, Wut, Rachegefühle, Scham, Angst, Hoffnungen, Anspannung, Misstrauen sind im Raum geradezu körperlich wahrnehmbar. Dann ist es schwer, das Positive zu finden, das sich hinter diesen akuten Krisen menschlichen Zusammenlebens versteckt. Oft braucht es Jahre, um es zu erkennen.

Dass Kinder, die eine solche Atmosphäre im Zusammenhang mit einer Trennung der Eltern erleben, hochgradigem Stress ausgesetzt sind, ist nachvollziehbar und allgemein bekannt. Kinder können sich eine Art des Zusammenlebens, die anders ist als die ihnen vertraute, zunächst nicht vorstellen und reagieren entsprechend ihrem Temperament häufig in Form von Rückzug oder Aggression.
Auch die betroffenen Eltern wissen, dass ihre Kinder gerade jetzt besondere Unterstützung und Zuwendung brauchen. Doch bedarf es schon großer Reife und Selbstbeherrschung, um dem gerecht werden zu können. Zu sehr sind Eltern in Trennungssituationen damit beschäftigt, ihre Gefühle und Zukunftsüberlegungen zu bewältigen.

Die Patchwork-Familie 51
Ein Einzelkind erlebt die Vorteile der neu zusammengesetzten Familie seiner Freundin.

Sofia zieht um 56
Trennung zweier guter Freundinnen durch Umzug.

Manchmal zieht Vater in die Garage 61
Kurzfristige Trennungen als Möglichkeit des Zusammenlebens.

Wo ich herkomme 66
Ein italienischer Junge, von Deutschen adoptiert, entdeckt seine Herkunft.

Der Stern im Fenster 73
Eine Mutter verlässt ihre Familie; die neue Freundin des Vaters übernimmt ihre Rolle.

Kletter-Maxe 76
Ein Haustier stirbt.

Eine unfreiwillige Reise 80
Kleines Mädchen macht unterschiedliche Erfahrungen in zwei Pflegefamilien.

Heimat ist, wo meine Freunde sind 87
Eindrücke eines russlanddeutschen Aussiedler-Jungen in Deutschland.

Literatur 93

Beratungs-Adressen 95

Inhalt

An die Erwachsenen 7

Liebe Kinder 10

Der Test 11
Ein Mädchen setzt sich mit dem neuen Partner der Mutter auseinander.

Es lag nicht am Wackelpudding 17
Frische Trennungssituation, Schuldgefühle des kleinen Sohnes.

Heller als tausend Sonnen 23
Ein Mädchen macht ihre erste Erfahrung mit dem Tod.

Die Geschichte vom Kreidekreis 27
Auswirkung des Sorgerechtsstreits auf ein Kind.

Vielleicht werde ich doch Postbote 31
Zwei Jungen lernen, sich aus den Konflikten der getrennten Eltern herauszuhalten.

Ein Funkspruch von Papa 36
Eine Erzieherin hilft einem Jungen, Kontakt zum Vater herzustellen.

Chaos im Puppenhaus 41
Ein Junge und seine Schwester bewältigen mit Hilfe des Lehrers eine Trennungssituation.

Balduin, der Scheidungshund 45
Ein Hund versucht vergeblich, eine Ehe zu kitten.

ISBN 978-3-89403-179-4
6. Auflage 2020
Copyright © iskopress, Salzhausen
Umschlaggestaltung und Illustrationen:
Mathias Hütter, Schwäbisch Gmünd
Satz und Layout: iskopress, Salzhausen
Druck und Bindung: Wirmachendruck GmbH, Backnang

**Bibliografische Information der
Deutschen Bibliothek**
Die Deutsche Bibliothek verzeichnet diese Publikation in
der Deutschen Nationalbibliografie;
detaillierte bibliografische Daten sind im Internet
über http://dnb.ddb.de abrufbar.

Erika Meyer-Glitza

EIN FUNKSPRUCH VON PAPA

Therapeutische Geschichten
zu Trennung und Verlust

iskopress

Ein Funkspruch von Papa